日本山岳ガイド協会編

日本百低山

100 LOW MOUNTAINS IN JAPAN

二ツ森（秋田・青森）→ p37

武奈ケ岳（滋賀）→ p166

達磨山（静岡）→ p145

尖山（富山）→ p112

黒滝山（広島）→ p220

日向山（山梨）→ p127

天上山（東京）→ p91

次郎丸岳（熊本）→ p280

姫神山（岩手）→ p28

白嶽（長崎）—→ p268

チセヌプリ（北海道）—→ p16

二岐山（福島）→ p52

藺牟田池外輪山（鹿児島）→ p295

日本山岳ガイド協会 編

日本百低山

100 LOW MOUNTAINS IN JAPAN

はじめに

本稿の取材で、私も幾つかの低山を歩いてみた。スキー登山で親しんだ越後の守門岳を除きどの山も初めてで、新鮮で魅力的だった。特に対馬の白嶽は、遠い海原からも目立つ白い岩肌の尖峰が見事で、その山容は人々が神仏とあがめ、航路の安全の目安にすると聞き強い印象が残った。山への信仰の事跡を辿り頂に立つと、遥か朝鮮半島まで望め、山麓の中心地厳原《いづはら》近郊では温泉に浸かり、日本と朝鮮の往来の歴史を訪ね、島の風土を感じながら、対馬、朝鮮両海峡の海の幸を味わえるのだ。登山口から標高差400メートル以内、行程はゆっくり3〜4時間で親子や家族でも楽しめる。まさに「ふるさとの山々、高きが故に貴からず」である。

国民の祝日「山の日」が決まってからの或る日、共同通信社に提案いただき、2016年8月11日の最初の「山の日」に向けて、47都道府県の標高の低い名山を紹介しようということになった。執筆者には日本山岳ガイド協会の認定ガイド達を選任した。山の選定には色々な基準を一応設けたが、標高という点では低山とは言い難い山々もある。難しいことを言わず「山の日」の趣旨である「山に親しむ機会を得て、山の恩恵に感謝する」にふさわしいものになったと考えたい。執筆した山々は最終的に2年間で100山になり、47都道府県からは各2山、番外編として島の山々が6山となった。

日本百低山と聞いて、人は何を思うのだろう。深田久弥さんの『日本百名山』は、その後の中高年登山隆盛の大きな原動力になった。多くの百名山はその姿形から、その風土の象徴として、人々に畏敬の念を与えているからなのだろう。一方『日本百低山』は、故郷の親しい山々である。山麓まで近く、思い立ったらすぐに行ける。登山の初心者向きとも言えよう。願わくは、老若男女を問わず、日本百低山に四季折々通い、登り、歩き、楽しんでいただきたい。そして現代の日本人が失いつつある、本来、人の持つべき五感を取り戻そうではないか。百低山を一緒に歩き、書いた、共同通信社の小沢剛さんに感謝を申し上げる。

公益社団法人日本山岳ガイド協会　理事長
一般財団法人全国山の日協議会　理事長　磯野剛太

目次

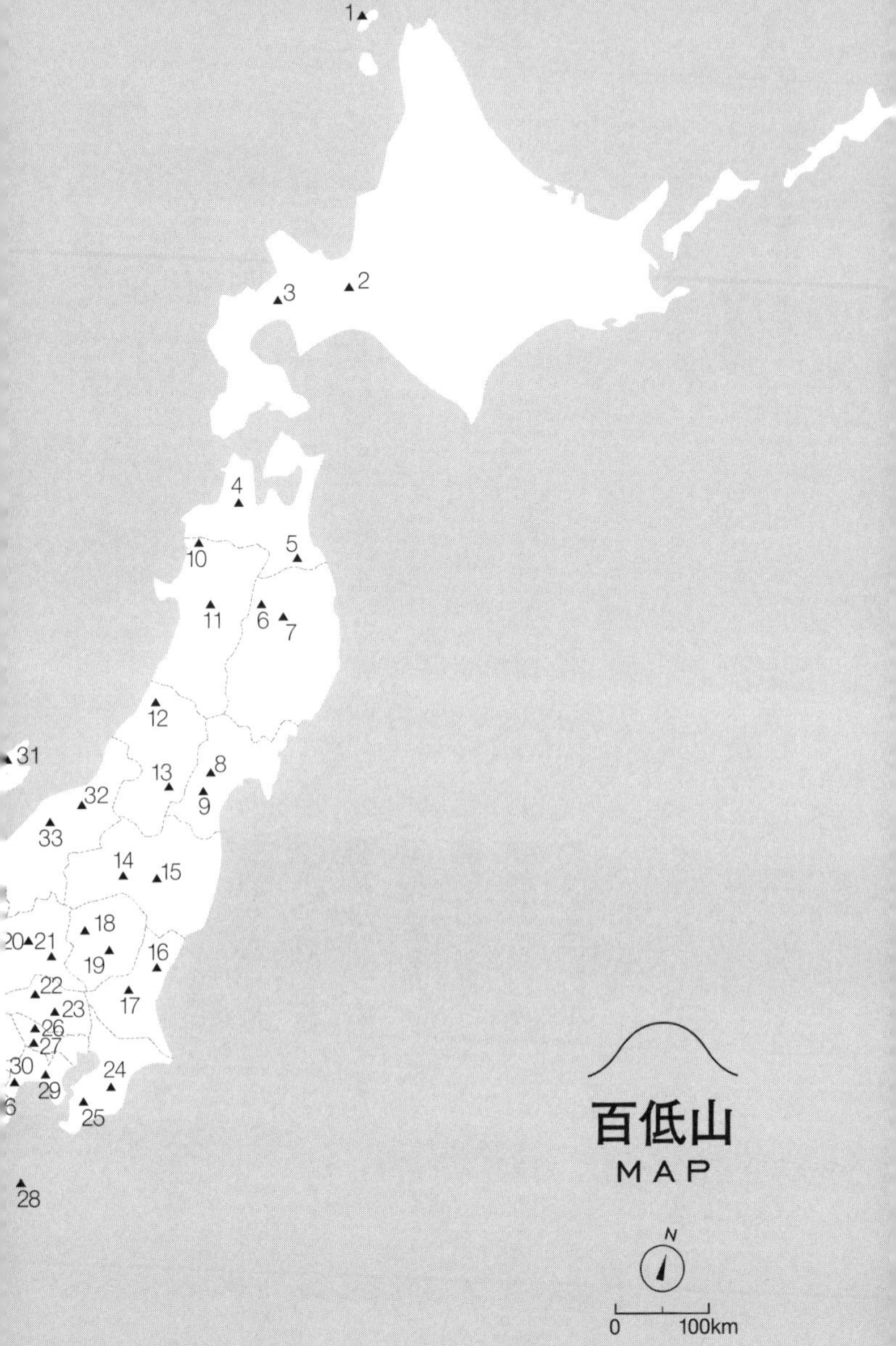

1
2
3
4
5
6
7
8
9
10
11
12
13
14
15
16
17
18
19
21
22
23
24
25
26
27
28
29
30
31
32
33
百低山
MAP
N
0
100km

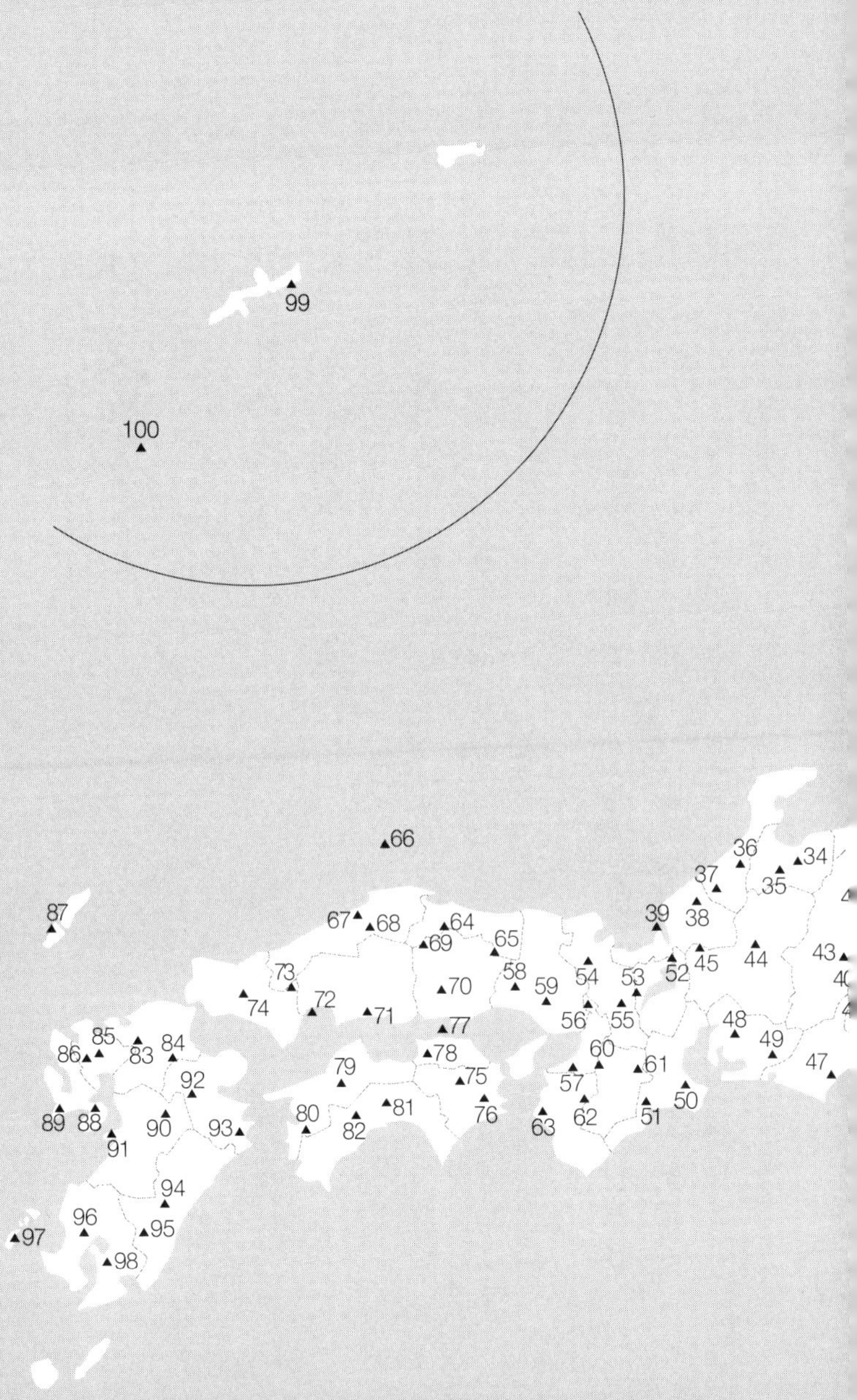

99
100
66
36
34
37
35
87
67
68
64
39
38
69
65
45
44
43
52
73
58
54
53
72
70
59
74
71
56
55
48
77
85
84
60
49
86
83
78
61
47
92
79
75
57
50
89
88
90
80
82
81
76
63
62
51
93
91
94
96
95
97
98

1

礼文岳

rebundake

北海道・礼文町

490m

最北の花の島最高峰
海に浮かぶ利尻山展望台

かつての樺太航路の街、稚内市の沖に浮かぶ二つの島、利尻と礼文。利尻は「日本百名山」の利尻山で知られ、利尻より北の礼文は、海岸近くまで高山植物が咲く最北の花の島として名高い。この山は礼文島の最高峰であり、礼文水道を挟んで向き合う利尻山の絶好の展望スポットでもある。

稚内からのフェリーが着く香深《かふか》から朝一番のバスで内路《ないろ》に向かう。穏やかな夏なら、海岸近くで特産のウニを採る小舟が見えるだろう。バス停の前が登山口で、大きな案内板やあずまや、清潔なトイレがある。ここで、登山の身支度を整えよう。海岸から標高差50
0メートル弱の登りだ。集落の裏山をジグザグに進む。高度差で100メートルも行けば尾根筋の緩やかな歩きに変わる。ササ原とダケカンバなどの針葉樹林帯が交互に現れ、小鳥の鳴き声の中、右手かなたに礼文岳が見える。今は閉校になった内路小学校の児童が描いた看板が目を和ませるうちに、かつての起登臼《きとうす》からの登山道の分岐だ。古い地図には登山道が記されているかもしれないが、廃道になっているので注意したい。ここが中間点だ。

さらにササ原と針葉樹林帯を抜け、緩い登りの中、標高314メートル地点も知らぬ間に通り過ぎる。やや勾配が増し、右手に北端のスコトン岬方面が望めるようになると、もう410メートルの小ピークだ。ここからハイマツ帯となり、高山の雰囲気が一気に増す。樹木に隠れていた利尻山も見えだす。一度鞍部《あんぶ》に下り、最後の標高差100メートルほどを登り切ると1等三角点のある礼文岳山頂だ。礼文水道越しの秀麗な利尻山に目を奪われる。晴天なら360度の展望。北から南へ島の脊梁《せきりょう》をなす高原状のたおやかな山が続く。稚内方面まで見渡せ、海の色は青から藍へ微妙なグラデーションを描く。海と山と空が一体となった島の山ならではのパノラマである。

華やかな高山植物の群落はない。それでも足元には紫のミヤマオダマキやゴゼンタチバナ、キジムシロなどが見え隠れし、そのひそやかさが、地味ながら、この山の味わいを醸し出している。下山は往路を戻る。

（共同通信編集委員　小沢剛）

礼文岳

ガイドの目

小ぶりないい山だ。登山道は整備されており、危険箇所はなく、上部では高山の気分も味わえる。家族で楽しめる。コース中に水場はないので、登山口で補充を忘れずに。

半日で登山可能なので、午後は西海岸の高山植物群落のトレッキングに充ててもよい。貴重な固有種も多い。下山後は香深の温泉で対岸の利尻山を眺めて汗を流そう。ウニなどの地元の味覚も魅力だ。

隣の島の利尻山に挑む人もいるだろう。こちらの標高差は1500メートルもある。体力的に厳しく、下山中に転倒事故を起こしがちだ。きつさを肝に銘じて登ってほしい。

参考タイム

内路（50分）—起登臼旧道分岐（40分）—410メートルピーク（15分）—山頂（40分）—分岐（35分）—内路

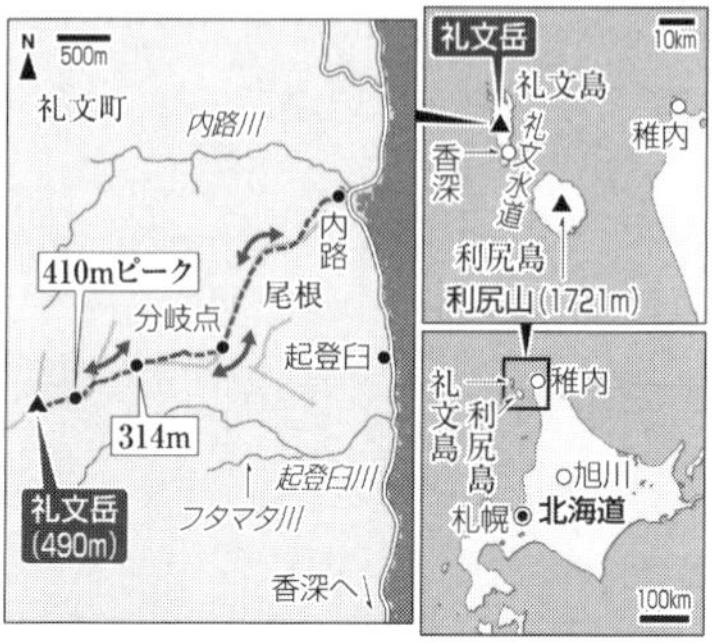

国土地理院2万5千分の1「礼文岳」

2

札幌岳

sapporodake

札幌、羊蹄山の遠望
下山して定山渓温泉も

北海道・札幌市

1293m

札幌岳は、札幌市街地を流れる豊平川の源流にある。札幌の語源は、アイヌ語の「サッ・ポロ・ペッ（乾く、大きい、川）」（幕末の探検家、松浦武四郎説）で、豊平川の扇状地にあたり、夏に乾いた河原ができるので、こう呼ばれていたらしい。

登山コースは、豊滝と冷水沢の2ルートあり、ここでは一般的な冷水沢コースを紹介しよう。登山口は豊平峡《ほうへいきょう》ダム手前の冷水トンネル入り口前にある。バス利用の場合、じょうてつバス「豊平峡温泉」行きで終点下車、登山口まで約1キロ歩く。車利用の方が利便性が良い。登山口には20台ほど駐車できる。

登り始めてすぐカラマツの植林地を越える。この辺りは、1954年の洞爺丸台風で大きな被害があったところで、台風高原と呼ばれている。植林地は日陰で涼しい。沢沿いの道は木漏れ日が気持ち良く、この辺りを歩くだけでも爽快になる。林床には、エゾノレイジンソウが咲いている。林道を横断後、沢沿いの道を２～３度飛び石伝いに小川を渡り、やがて冷水小屋に着く。小屋の前には冷たい沢水が流れていて、ひとときの清涼感を味わえる。小屋は管理人のいる土日に、有料で利用できる。ここからは標高差２４０メートルの急登の尾根に取り付く。登り切るとなだらかな頂上台地に出る。ダケカンバやチシマザサに覆われ、小１時間ほど歩くと突然、視界が開け、頂上に達する。

１等三角点のある頂上は展望が良く、札幌市内や支笏《しこつ》湖方面、後方羊蹄《しりべし》山《やま》（羊蹄山《ようていざん》＝１８９８メートル）などが望める。南東方向には空沼岳《そらぬまだけ》（１２５１メートル）も望め、ブッシュの多い縦走路がある。頂上には、ゴゼンタチバナやウコンウツギ、コケモモなどが咲いている。

下山は往路を戻る。バス停近くに日帰り温泉の豊平峡温泉があり、本格的なインド料理も食べられる。登山口手前の定山渓温泉もお勧め。ここは江戸時代の僧、美泉定山《みいずみじょうざん》が開湯した歴史のある温泉街である。登山口近くの定山渓わいわいふぁーむでは、サクランボやリンゴ狩りを楽しむことができる。

（日本山岳ガイド協会正会員　辻野健治）

札幌岳

ガイドの目

登山道は明瞭で、沢を渡る所も丸太や石がある。冷水小屋からの急登では道がえぐれており、滑りやすく注意が必要。

登山口や山中にトイレはない。事前に済ませるか、携帯トイレの使用をお願いしたい。冷水小屋の前の沢水は、浄化していないため、飲用には向かない。

頂上台地には6月中旬まで残雪がある。視界不良時には、道を見失うこともあるので、気を付けてほしい。

ヒグマの生息地に入る。遭遇を避けるため、鈴などで音を出し、人間の所在を知らせるのがよい。

参考タイム

登山口（1時間30分）ー冷水小屋（1時間20分）ー山頂（1時間10分）ー冷水小屋（1時間20分）ー登山口

国土地理院2万5千分の1「定山渓」「札幌岳」

3

チセヌプリ

chisenupuri

静寂の沼、高山植物の山
山々の緑と秋の紅葉が見事

北海道・共和町 蘭越町

1134m

　ニセコはパウダースノーで有名なスキーリゾートだが、夏は湿原と高山植物に彩られた緑豊かな山々へ大きく様変わりする。最高峰のニセコアンヌプリをはじめとするニトヌプリ、チセヌプリなどの山々と、神仙沼、大沼、大谷地などの高層湿原とが整備された登山道によってつながり、多彩なルートで楽しめる。今回は、ニセコを代表する静寂な神仙沼や長沼に映るチセヌプリを眺めながら山頂を目指そう。

　この山はおわんを伏せたような形の火山で、山名はアイヌ語の「チセ・ヌプリ（家の形をした山）」による。登山口となる神仙沼までＪＲニセコ駅からのバスは便数が少なく、マイカーかタクシー利用が一般的だ。

神仙沼の入り口には、広い駐車場と休息所があり、木道が設置されている。日本のボーイスカウト創始期の下田豊松氏が1928年にこの地を訪れ「皆が神、仙人の住み給《たま》う所と言い」と命名したとされている。標高750メートルを超え、個性的な形をしたアカエゾマツに囲まれた沼で、夏には山々の緑、秋には紅葉が湖面に映る。ニセコ山系では最も美しく神秘的な沼と称される。

神仙沼に接する湿原を一周した後、長沼へ向かう。長沼はかんがい用水にも使われており、沼沿いの道は降雨後は増水して水たまりができる。雨上がりはぬかるので、スパッツを着用した方がいい。

道は次第にチシマザサに覆われ、緩やかな登りの後、シャクナゲ岳とのコル（鞍部《あんぶ》）に着く。その先のチセヌプリ分岐から左へ急登が始まる。高山植物も多くなり、北海道にしか自生していないフギレオオバキスミレやコケモモの群落に出合えるだろう。急登が終わると、もう山頂である。

頂上は台地状で小さな沼もある。展望も素晴らしく、渡島半島の最高峰である狩場山、南には有珠山と洞爺湖、東はニセコアンヌプリと羊蹄山を望む。眺望を楽しんだら、来た道を戻る。

（日本山岳ガイド協会正会員　辻野健治）

ガイドの目

登山道は、神仙沼までは木道で歩きやすい。分岐点には、標識が設置されているが、その都度地図で位置の確認をしよう。帰路の頂上からの下りでは、転倒防止にストックがあると便利だろう。登山口にはトイレがある。コース途中に水場はないので事前に準備しよう。

ヒグマの生息地に入るため、鈴などを携帯し、事前に人間の存在を知らせるようにしてほしい。クマの出没情報は共和町役場＝電話0135（73）2011＝で事前に確認したい。

参考タイム

登山口（20分）－神仙沼（2時間）－山頂（1時間30分）－神仙沼（20分）－登山口（神仙沼一周は約30分）

国土地理院2万5千分の1「チセヌプリ」

4

梵珠山

bonjusan

青森・青森市 五所川原市

468m

「シーハイルの歌」の舞台 秀麗な津軽富士を望む

♪岩木のおろしが吹くなら吹けよ… きのうは梵珠峰《ぼんじゆね》… (以下略)

古い岳人やスキーのオールドファンに親しまれた「シーハイルの歌」の舞台となった山である。

青森、弘前、五所川原の市街地の近郊にあり、周辺には仏教関係の地名が多い。山名の由来も文殊菩薩《ぼさつ》からという説があり、山中にお釈迦《しやか》様の骨が埋められているとの言い伝えも残る。現在は隣接する眺望山とともに「県民の森」に指定され、県立自然ふれあいセンターが登山と自然観察の拠点になっている。

JR大釈迦駅からタクシーで5～6分、マイカーなら国道7号が大釈迦川と交差する地点に分岐があり、道標に従い川沿いに約3キロ進むと、県立自然ふれあいセンター手前の駐車場に着く。センターから400メートルほど戻ると古くからの参詣道の登山口になる。

鳥居をくぐり、沢沿いの道を進む。沢を離れ右手斜面を登っていくと六角堂休憩所だ。ひと休みして尾根にとりつくと、まもなく6合目の岩木山展望所に出る。秀麗な「津軽富士」岩木山が大きい。さらに尾根沿いに進むと寺屋敷南広場。二手に分かれる道を直進するとお釈迦様を祭った御堂と避難小屋のある釈迦堂山だ。

そこからブナ林の道をゆるく下り、登り返すと芝草が広がり明るく開けた山頂に着く。梵珠七観音が安置され、展望台もある。津軽平野に裾野を広げる岩木山、その向こうに白神山地。東には八甲田連峰、北に陸奥湾、はるか下北半島まで望める日もある。展望を楽しむなら空気が澄む紅葉の時季がおすすめだ。

下山は「マンガンの道」と称されている周回ルートをたどる。山頂を後に最初の分岐を左に進むと、あずまやとトイレがある寺屋敷北広場。心地よいブナ林が続き、やがて陸奥湾展望所だ。かつて左手の沢からはマンガン鉱石が採掘されていたという。急傾斜で道がジグザグ状になり、沢音が聞こえてくると終点も近い。車道に出ると、すぐ左手が県立自然ふれあいセンターだ。

（日本山岳ガイド協会正会員　近田康弘）

梵珠山

ガイドの目

標高500メートルに満たない低山ながら、四季を通じて楽しめる。秋にはブナ林の黄葉、冬には雪山、春にはミズバショウやカタクリの群生、全国的にも珍しいヒョウノセンカタバミのかれんな花も見られ、首都圏から訪ねる人も増えている。

家族連れで無理なく楽しめる自然豊かな山だ。ただ、コース上に水場はないので、特に夏場は事前に用意しよう。

参考タイム

登山口（20分）ー六角堂（40分）ー岩木山展望所（20分）ー釈迦堂山（15分）ー梵珠山（15分）ー寺屋敷北広場（20分）ー陸奥湾展望所（25分）ー県立自然ふれあいセンター

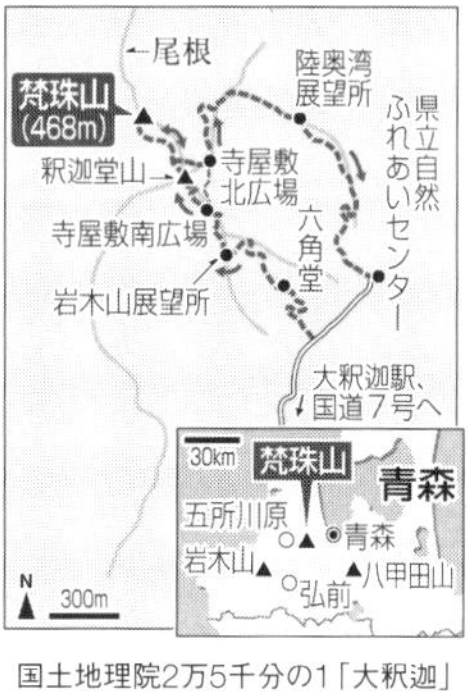

国土地理院2万5千分の1「大釈迦」

5

名久井岳

nakuidake

歴史ある寺社、雄大な眺望
秀麗な山容、南部小富士

青森・三戸町 南部町

615m

青森県南部地方の秀峰である。南部小富士とも呼ばれ、登山意欲がそそられる山容だ。特別天然記念物のニホンカモシカが一帯に生息。東の山腹には鎌倉時代開基の法光寺《ほうこうじ》、西の山麓には月山《がっさん》信仰を今に伝える月山神社、平安時代後期作と伝えられる十一面観音像を安置する恵光院《けいこういん》がある。自然とともに、由緒ある寺社に歴史を感じるだろう。

いくつかあるルートの中から今回は、古刹《こさつ》・恵光院を起点に、法光寺に下山するコースを紹介しよう。青い森鉄道・三戸駅から登山道まで約3キロ。タクシーなら5分で着く。

トイレを済ませ駐車場から車道を100メートルほど進むと入り口だ。

杉林の中に入ってすぐ、道は二つに分かれる。左は天狗《てんぐ》杉を経て山頂へ突き上げるルート。ここは右へ進む。やがて赤い鳥居をくぐり石段を登って低木帯をひと登りすると尾根に出る。小さなアップダウンを繰り返し、急傾斜を登りきると、月山神社からの登拝路と合流し、奥の院の祠《ほこら》がある月山（５４２メートル）だ。麓の泉山地区には男子が７歳になると月山に登拝する慣習が伝わる。出羽三山から遠く離れたこの地に月山信仰が根付いたのは、奥州藤原氏の権勢下にあった平安時代後期と推察される。

一休みしたら稜線《りょうせん》をたどり名久井岳頂上を目指す。20分ほどで天狗杉コースと合流し、ひと登りで１等三角点と立派な方位盤が置かれた山頂に着く。眺望は雄大で、山麓を蛇行して流れ、八戸で海に注ぐ馬淵川と南部平野が広がる。視界が良ければ、太平洋から八甲田連峰まで、３６０度の大展望が楽しめる。

下山は、山頂直下の急傾斜で始まる。鎖が張られた場所を慎重に下りると次第に緩くなり、ひょっこり舗装された林道に出る。１００メートルほど歩き「かもしか遊歩道」に入る。広葉樹と松の混交林の中を進み、４５９メートルピークに到着。

ここから膝に負荷のかかる急な階段状になるが、５分ほどの辛抱だ。杉木立に入ると、やがて登山案内板のある車道に出る。少し行くと、日本有数の高さ33メートルの三重の塔が立つ名刹《めいさつ》、法光寺が見えてくる。最寄りの青い森鉄道・諏訪ノ平駅までは約５キロだ。

（日本山岳ガイド協会正会員　近田康弘）

ガイドの目

三戸・八戸地方では名久井岳登山を年中行事の一つとしている小、中学校も多い。今回紹介のコースは、標高差400メートル程度で休憩も含め実質3〜4時間の行程だが、随所に急傾斜もあり、中級レベルと言えよう。

初級レベルならタクシーかマイカー利用で県道名久井岳公園線の峠から20分ほどで山頂に立てる最短ルートがおすすめ。

山麓にはサクランボやリンゴの観光果樹園も多い。恵光院に隣接する長谷ぼたん園では8千株のボタンの花が5月下旬から見頃になる。展望を楽しむなら10月中旬からの紅葉の時期がよい。

参考タイム

恵光院（50分）－月山（25分）－山頂（50分）－法光寺

国土地理院2万5千分の1「三戸」

6

源太ケ岳

gentagadake

岩手・八幡平市

1545m

たおやかな山肌染める紅葉
岩手山、八幡平の展望台

岩手、秋田の両県に広がる八幡平。名の由来は諸説あるが、平安時代に奥州平定に当たった坂上田村麻呂にまつわり、その中で索敵に向かった源太兄弟が登ったのが八幡平南部に位置するこの山で、源太ケ岳とされる。物見で絶景の場所だった源太森の地名も残る。

山頂周辺の紅葉が佳境を迎えるのは毎年9月下旬頃だ。アオモリトドマツの針葉樹が多い秋田県側に対し、岩手県側の樹木は広葉樹が多く、真っ赤に紅葉するコミネカエデが一面に広がり、山肌を染める。県境の主稜線《しゅりょうせん》から1キロほど東側に位置する源太ケ岳は、たおやかに連なる八幡平の峰々や岩手山の雄姿も間近に見られ、絶好の展望台だ。

登山の起点は松川温泉。JR盛岡駅から直通バスで約2時間、松川温泉の終点から1～

2分、八幡平樹海ライン入り口から登山道が始まる。マイカーなら温泉の駐車場に車を置き、下山後に一汗流して帰路につきたい。

歩き始めてすぐ変電施設があり、鉄柵わきを進む。黄色に色づき始めたブナ林の中を行くと40分ほどで橋を渡る。丸森川だ。なおも心地よいブナ林の中を進むとガレ場にさしかかる。右下には原生林の中にぽっかりと上倉沼が神秘的な水面を見せ、振り返れば岩手山が望める。ひと休みしてさらに歩を進め、ダケカンバが目につくようになると水場が現れる。源太清水とも呼ばれる名水だ。さらに進むと次第に傾斜が急になり、標高をかせぐと、やがて草原状の斜面となり一気に視界が開ける。大深山荘《おおふかさんそう》への分岐点、標高約1400メートルだ。ここから20分ほどでハイマツに囲まれた源太ケ岳山頂に着く。駒ケ岳（秋田駒）や好天なら鳥海山、北上川も望める。

天候の急変や、ゆっくり休憩する時間があれば大深山荘を利用するのもよい。山頂から西に10分ほど進み、主稜線縦走路に合流。そこから標識に従って15分ほど下れば、避難小屋とは思えない、木の香りのする大深山荘だ。山荘からは、ほぼ等高線沿いのトラバース道をたどり、分岐点にショートカットで戻ろう。そこからは、登ってきた道をそのまま戻る。下山した先には、松川温泉の白い濁り湯が待っている。

（日本山岳ガイド協会正会員　近田康弘）

源太ケ岳

ガイドの目

八幡平主稜線は標高1500メートルほどだが、意外に紅葉は早く、10月連休の頃には冬枯れの光景となる。中腹から山麓にかけての紅葉なら10月半ばすぎまで楽しめる。

今回は、小中学生でも無理なく登れる松川温泉起点の往復ルートを紹介したが、健脚向きとして大深山から三ツ石山を経由して松川温泉に下る周回コースもおすすめだ（歩程約7時間）。みちのくの山ならではの紅葉を存分に堪能できよう。

2016年、台風10号が東北に大きな爪痕を残したが、この山近辺の影響は少なかった。

参考タイム

松川温泉登山口（40分）－丸森川出合い（25分）－水場（35分）－大深山荘分岐（25分）－山頂（25分）－大深山荘（45分）－大深山荘分岐（25分）－水場（20分）－丸森川出合い（30分）－松川温泉登山口

国土地理院2万5千分の1「松川温泉」

7

姫神山

himekamisan

岩手・盛岡市

1124m

広大なパノラマ楽しめる石川啄木の故郷の秀峰

盛岡市の北東にある三角すいの秀峰だ。西には男性的な岩手山《いわてさん》。山麓の旧玉山村は詩人、石川啄木の故郷である。

早池峰山《はやちねさん》、岩手山とともに「北の三霊山」と、古くから信仰の山だった。また遠足やファミリー登山でも登られ、地元に愛される山でもある。

登山ルートは4本ある。このうち北西方向からの一本杉コースを登り、北のこわ坂コースを下りるルートを紹介する。公共交通機関なら盛岡駅から岩手県北バスの芋田バス停で下車だが、ここから登山口近くの駐車場まで徒歩約2時間も要するからお勧めしかねる。タクシー利用かマイカーが便利だ。

トイレ、キャンプ場のある大型駐車場は標高約550メートルにあたる。ここから数分で目の前に岩手山、秋田駒ケ岳などが見渡せる小高い草地に出る。4月にはスズランが咲き、桜と雪山のコントラストが素晴らしい。駐車場から5分で標識のある登山口が現れ、そこから15分ほどでコース名の由来の一本杉に出合う。かつては近くに一本杉清水と呼ばれる名水があったが、現在は汚染されて飲用は不可だ。

一本杉から階段状の急登「ざんげ坂」になる。文字通り懺悔《ざんげ》するかどうかはさておき、登り切ると丸太のベンチが置かれた5合目だ。休憩後、ダケカンバやナラの根が張る道をさらに登ると、再び短い階段状となる。ここをすぎると8合目。標柱に「山頂まで720m」とある。針葉樹に変わり、尾根のササと岩場の道をさらに進むと、山頂直下、標高1100メートル地点で道は二つに分かれる。直進し、目前の岩場を慎重に通過して山頂へ。

頂上には姫神神社のほこらと1等三角点がある。目の前の大パノラマを見れば、疲れもいっぺんに吹き飛ぶだろう。西に岩手山、南に早池峰山、中央に北上川が流れる広大な大地が広がる。下山は、こわ坂コースへ。道は細いが、比較的なだらかで歩きやすい。下山後は一本杉コースの登山口まで徒歩で20分ほど。マイカー利用でもさほど不便を感じないだろう。また車なら渋民集落の石川啄木記念館を訪れる手もある。

（日本山岳ガイド協会正会員　千田幸司）

姫神山

ガイドの目

盛岡市内からバスでも行けるが、車が便利。盛岡市内から1時間前後で登山口に到着する。

危険箇所がなく、小さな子どもでも楽しめるが、山中にはトイレがないので登山口で済ませると良い、水場もないので水の補給も忘れずに。

新緑の季節は気持ちよく歩ける。夏場は熱中症や虫刺されに注意が必要。9月〜11月は防寒衣類（帽子、手袋、防風着）があれば快適である。紅葉の季節は山肌が黄金色に輝き、見る人をくぎ付けにする。

参考タイム

駐車場（20分）ー一本杉（30分）ー5合目（1時間）ー山頂（1時間）ーこわ坂コース登山口（20分）ー駐車場

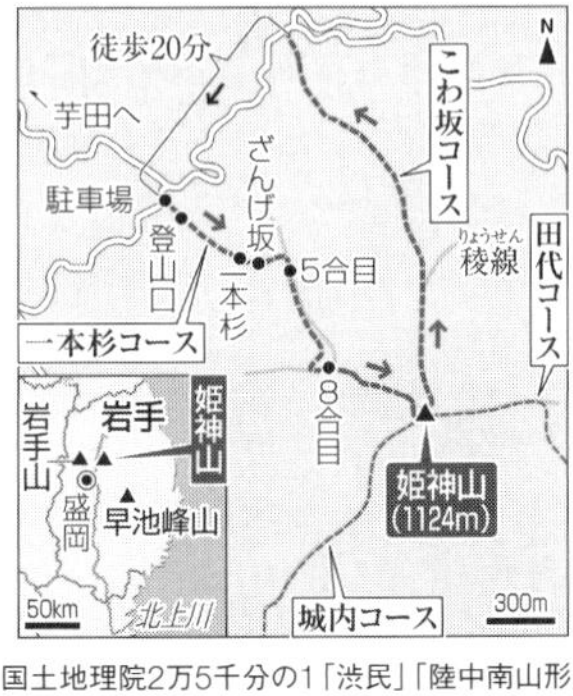

国土地理院2万5千分の1「渋民」「陸中南山形」

8

泉ケ岳

izumigatake

宮城・仙台市

1175m

栗駒から安達太良の大展望
四季通じ仙台市民が愛着

南北に延びる奥羽山脈から東に張り出した船形《ふながた》連峰が仙台平野に沈み込もうとするその最東端で、再び高さを増し始めた山がある。泉ケ岳で、船形山山系では最後にできた火山である。この山は、仙台平野のどこからでも望むことができ、見慣れた愛着のある山として親しまれている。一方、山頂からは仙台市街が手に取るように眺められ、また、太平洋、牡鹿半島などが望める。山では北に栗駒山《くりこまやま》や神室《かむろ》連峰、西に船形連峰、そして面白山《おもしろやま》、二《ふた》口《くち》山塊から蔵王連峰、さらに吾妻連峰、安達太良山《あだたらやま》、阿武隈《あぶくま》山地まで見渡せ、大展望とその感動を提供してくれるだろう。

山麓一帯は野外活動の施設が充実し、登山、ハイキング、キャンプ、パラグライダー、マウンテンバイク、各種スキーと、アウトドアスポーツの楽園となっているとともに、新緑や紅葉、山菜・キノコ採り等を楽しむ人も多く、四季を通じて親しまれている。植生は変化に富み、動物も多様で、オオタカ、ヤマネ、モリアオガエルなどの希少種も見られる。

登山道は4コースが整備されており、それぞれが特徴を持ち、年齢や体力、好みに合わせて選択できる。どのコースもお勧めだが、学校登山などでよく利用される水神コースを紹介する。距離は長いが傾斜は最も緩い。

地下鉄泉中央駅から市バス終点の「泉岳自然ふれあい館」で下車、ここから車道に沿って進むと水神コース入り口に着く。ハンノキ、ブナ、ミズナラなどの天然林の緩やかな登山道を森林浴を兼ねながら進むと約1時間で水神に着く。ここにはかつては雨乞いを行ったとされる水神碑が建立されている。沢がそばにあり、絶好の休憩、昼食の場所でもある。

さらに進むと石がゴロゴロした急斜面になってくる。大岩は巨石が積み重なり、火山の驚異が感じられる。賽《さい》の河原を過ぎると山頂はすぐそこ。1175メートルの最高地点は三角点より約3メートル高い。

帰路は北泉コースを下る。三叉路《さんさろ》で北泉ケ岳登山道と別れ急坂、うぐいす坂を浮石に注意しながら慎重に下ると1時間程で水神に。自然の懐に抱かれた静かな山旅が味わえる。

（日本山岳ガイド協会正会員　狩野浩）

泉ケ岳

ガイドの目

山開きは例年4月第4土曜日に行われ、5月連休からの新緑と10月上旬からの紅葉の頃がベスト。4月中旬からは山麓のバス停付近でミズバショウが姿を現す。

2014年に自然体験活動を支援する生涯学習施設として泉岳自然ふれあい館がオープンした。家族で利用したい。

最近は厳冬期も山頂まで登る人が増えているが、天候が悪化すれば厳しい冬山となる。十分な知識、経験と装備が必要だ。

参考タイム

バス停（1時間10分）－水神（30分）－大岩（20分）－山頂（20分）－三叉路（30分）－水神（50分）－バス停

国土地理院2万5千分の1「定義」

9

屏風岳

byobudake

宮城・蔵王町 七ケ宿町

1825m

花と湿原、尾根歩き満喫
南蔵王の中心、宮城最高峰

蔵王連峰にあり、標高は山形側にある主峰熊野岳に次ぎ、宮城県の最高峰である。南蔵王の中心的存在でもある。蔵王連峰は火山活動により形成されており、屏風岳《びょうぶだけ》は爆裂火山の外輪山の一部を形成している。

屏風岳の東面はすっぱりと切れ落ちている。この「屏風の壁」が、晴れた冬の朝、白銀の奥羽山脈で、より神々しく輝く姿が仙台市街や県南部から見ることができる。

今回紹介するのは、蔵王エコーライン沿いの刈田峠から屏風岳を往復するコース。なだらかな尾根歩きを満喫でき、途中にある高層湿原の芝草平でゆっくりしても、5時間程度で往復できる。

標高1600メートルあたりの登山口からは、これから向かう前山（1684メートル）、杉ケ峰（1745メートル）、屛風岳が一望できる。屛風岳の西面は東面とは対照的に、なだらかな斜面で、冬には樹氷となるアオモリトドマツの樹林帯が亜高山帯の山岳景観を堪能させてくれる。緩い下りは、ほどなく木道となり、雪解けとともに現れる湿原を抜ける。木道脇では6月ならイワカガミ、チングルマ、7月はイワイチョウ、8月にはアキノキリンソウなど、さまざまな高山植物が迎えてくれる。

刈田峠避難小屋への分岐を過ぎると登りに転じる。展望の良いガレ場を抜けるとまもなく前山の山頂だ。ミネザクラ、ハクサンシャクナゲなどに包まれる尾根歩きである。再び尾根を下りハイマツ帯を登り返すと杉ケ峰。山頂は広く展望も良い。振り返って刈田岳や熊野岳などの蔵王連峰はじめ東北の山々の眺望を楽しもう。

杉ケ峰から緩く下ると池塘《ちとう》が点在する広大な湿原に出る。芝草平である。6月のヒナザクラ、ワタスゲ、7月のキンコウカ、8月のイワショウブなど、多様な高山植物が疲れを癒やしてくれるだろう。

一休みしたら屛風岳までは、もうひと登りである。岩が多いので注意しよう。後烏帽子《うしろえぼし》岳《だけ》への分岐を過ぎると最高点。その先が1等三角点がある屛風岳山頂だ。

（日本山岳ガイド協会正会員　狩野浩）

屏風岳

ガイドの目

屏風岳は、南蔵王縦走路の一角として通過する山であったが、最近は刈田峠から往復する人も多い。刈田峠までマイカー利用となる。峠の駐車スペースは30台程度。

蔵王エコーラインが開通する4月下旬から11月上旬が登山シーズンであるが、4月下旬は残雪が多く、ルートがわかりにくいので注意が必要である。

コース上に水場はなく、登山口にトイレもない。手前の大黒天駐車場のトイレを利用したい。

蔵王のシンボル御釜の西側、馬の背登山道の立ち入り規制が2016年7月1日解除され、刈田岳から熊野岳へ通行可能となった。

参考タイム

刈田峠登山口（1時間）—杉ケ峰（30分）—芝草平（40分）—屏風岳（30分）—芝草平（40分）—杉ケ峰（1時間）—刈田峠

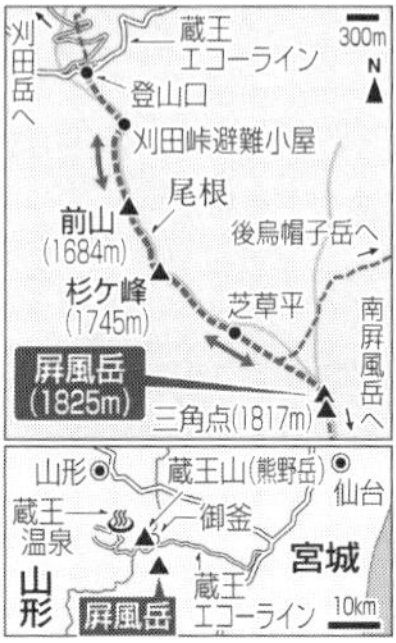

国土地理院2万5千分の1「蔵王山」

10

二ツ森

futatsumori

秋田・藤里町

青森・鰺ケ沢町

1086m

ブナの緑がまばゆい世界遺産、白神の山

♪秋田名物八森ハタハタ、男鹿で男鹿ブリコ。民謡秋田音頭で歌われる八森町（現八峰町）から、青森県をつなぐ予定だった広域基幹林道青秋線の建設が中止となり、開発から免れた広大なブナの森の白神山地が、屋久島と共にわが国初の世界自然遺産に登録されてはや20年以上がたつ。

「自然保護とは」「自然と人間との付き合い方とは」と考えるきっかけともなった林道の終点は、青森との県境にまで達しており、今となっては遺産の森を眼下に登る「二ツ森」へ車で簡単にアプローチできる全線舗装の道となっている。

では初心者でも簡単に遺産の森を眺めることのできるこの山に登ってみよう。能代市方

面から国道101号を北上し、八森駅を過ぎて「白神山地二ツ森登山口」の大きな標識に従い右折、「ぶなっこランド」に寄って登山届を提出しよう。

青秋林道終点までは車で約40分。トイレを済ませ、登山口の玄関マットで靴底に付いた里の植物の種を拭き取ってから入山する。ひと登りすれば八峰町、藤里町、青森県鰺ケ沢町との境界となり、ここから世界遺産地域に足を踏み入れることになる。厳密に守られている核心地域を取り巻く緩衝地域ではあるが、草木の伐採や枝を折ることなどは禁じられている。道は豊かなブナ林の中をいったん鞍部《あんぶ》まで下り、一部急な登りを交えながらピークをめざす。ところどころササが刈り払われている箇所からは眼下にどこまでも続く広大なブナ林と、遅くまで残雪の白さが目立つ白神岳、遠くに秀麗な姿の津軽富士(岩木山＝1625メートル)が望まれる。

一汗かいたところで森林限界を抜け出た小広場に着き、振り返れば日本海が光り輝いている。広場のすぐ隣が頂上で、青森、秋田両県にまたがる遺産の森を見渡し満足度もピークを迎える。帰路は来た道を戻る。急なところは枝などにつかまってゆっくりと下りよう。

下山届を出し、時間があれば真瀬川渓流の「三十釜遊歩道」を散策しながら、さまざまな命育む「森の白神」のみならず「水の白神」を感じてみるのもよい。

(日本山岳ガイド協会正会員　後藤千春)

二ツ森

ガイドの目

白神山地のシーズン開幕は例年5月下旬。谷あいに雪が残る山の中で日に日に標高を上げる新緑は「ブナの峰走り」と呼ばれ、6月下旬の梅雨入りまでは爽やかな山歩きができる。

夏は暑いが、緑濃い森では鳥や虫などこの森が育む命の息吹が聞こえる。紅葉は10月上旬から下旬。ブナが主体の森なので一面黄色く明るい森となる。葉を落とせば繊細な小枝が陽に光る銀細工の森、そして白い世界となり山は眠りに入る。

下山後は産直品やハタハタ料理を楽しめる温泉施設「ハタハタ館」も楽しみ。

参考タイム

青秋林道終点（1時間）－山頂（50分）－青秋林道終点

国土地理院2万5千分の1「二ツ森」

11

森吉山

moriyoshizan

黄葉のブナ、甘い木の香
名山一望、マタギの舞台

秋田・北秋田市

1454m

秋田の山奥、少し前まではマタギが熊を追って駆け巡っていた広大で深い森を抱く森吉山は、初夏は花の百名山として、厳冬期は樹氷の山として名をはせている。今回は秋の森吉山を満喫するために、黄葉のブナ林から山頂を目指してみよう。

阿仁ゴンドラ山麓駅の大駐車場からさらに林道を進むとぶな帯キャンプ場で、登山道入り口には駐車スペースとトイレがある。周囲にはブナ林特有の黄色く明るい森が広がる。緩い登りでは先を急がず秋の森を満喫したい。

水場となる沢を横切り、スキー場コース脇の登山道をゆっくり登ると、やがてブナ林が尽きてゴンドラ山頂駅に出る。駅に隣接して木の香漂うビジターセンター「ぷらっと」に立ち寄り、飲料の補充やトイレを済ませたら低木帯の道へと進む。

30分ほど歩き、石森のピークに出ると、この山の全容が一気に現れ、目指す二等辺三角形の山頂がたおやかにそびえる。点在する深い緑のオオシラビソ（別名アオモリトドマツ、当地ではモロビとも言う）が冬にはすべて樹氷となることや、高層湿原が百花繚乱《ひゃっかりょうらん》だった初夏を思い浮かべながら、爽やかな風を感じるのも秋山の楽しみだ。山頂へと続く登山道はときおりオオシラビソの甘く香ばしい匂いが鼻をくすぐるだろう。阿仁避難小屋で小休止。真っ赤に色づくチングルマやイワカガミをめでながら緩く登ると目の前に山頂の標柱が現れる。さえぎるものの無い山頂からは、北に世界自然遺産の白神の山並み、さらに奥には岩木山が望め、東に目をやれば八幡平から岩手山、駒ケ岳（秋田駒）、南は太平山と遠くには鳥海山など、天気に恵まれれば青森、岩手、秋田、山形各県の最高峰がくっきりと見えるだろう。

帰路は来た道を引き返すが、石森は巻き道でパスし、登りでは通らなかった樹氷平を経由して、名残の展望を楽しんでから下山しよう。

年齢や体力、時間によってはゴンドラを利用すると手軽に登山できる。黄葉のブナ林は窓から眺めることになるが、歩いては得られない黄色い枝葉の間を通り抜ける楽しみも。


（日本山岳ガイド協会正会員　後藤千春）

森吉山

ガイドの目

森吉山の山麓には深い森が広がり、谷は幾多の滝を落としている。紅葉期には白い瀑布《ばくふ》が一層映え、水量も少ないので滝巡りのトレッキングも人気だ。打当川の立又渓谷「幸兵衛滝」や、中ノ又谷の「安《やす》ノ滝《たき》」などはそれぞれ往復2時間程度だが、山道なのでトレッキングの身支度で歩こう。

秋田の内陸深い山だけにアクセスが難だ。国道105号から30分ほどで登山口に着けるマイカー利用が多い。

帰路は打当温泉マタギの湯に浸かり、阿仁森吉の名物、バター餅の優しい甘さで疲れをとろう。

参考タイム

登山口（1時間）ーゴンドラ山頂駅（30分）ー石森（1時間15分）ー山頂（1時間）ー石森（20分）ーゴンドラ山頂駅（45分）ー登山口

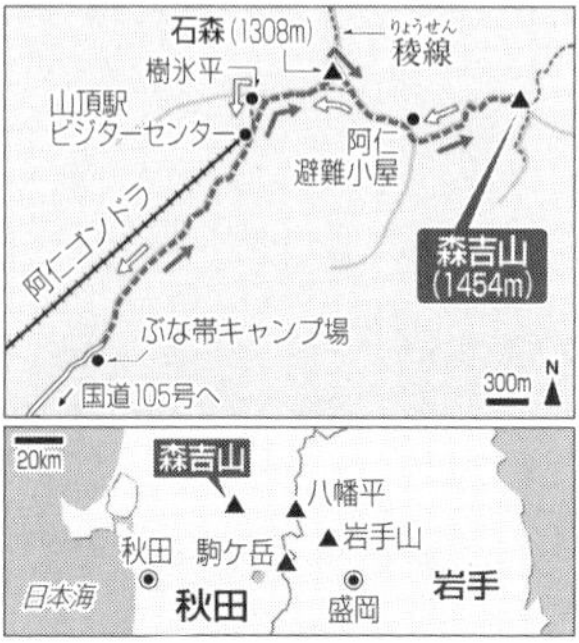

国土地理院2万5千分の1「森吉山」

12

経ケ蔵山

kyogakurasan

歴史秘めた里山
残雪の鳥海山が絶景

山形・酒田市

474m

山形県庄内平野の東の一角に位置する。名前から想像がつくように、山頂付近の経塚に由来している。経塚には平安末期といわれる経典が納められ、歴史を秘めた里山である。里山とはいえ、多少の急登は覚悟しなければならない。計画と装備を怠ることなく向かってほしい。アクセスはマイカー、バス利用で。

円能寺の集落から経ケ蔵川沿いの林道に入り、間もなく5～6台の駐車スペースが現れ、橋を渡ると登山口となる。すぐに急な尾根に取り付くが、特に序盤はばてないようにじっくり登ることが肝心だ。整備された登山道にはベンチもある。

里山ならではの植生を観察するのもいい。4月上旬は春を彩るミスミソウやキクザキイチゲ、イワイチョウなどが登山道沿いに咲き、樹木の花も競い合う。5月になればブナやミズナラの新緑が目に鮮やかだ。しばらく汗を絞られ、小岩稜《しょうがんりょう》のはしごを上れば猿渡りの蔵に出る。開けた風景を眺めてさらに進むと、右手に胎内くぐりへの道が分岐する。どちらを行ってもまもなく合流するが、胎内コースは上り下りが急なため足元に気を付けたい。尾根を進むと、やがて座禅岩に着く。平らな大岩はいかにも座禅に格好だが、切れ落ちている岩には注意が必要だ。さらに尾根上を行くと山名の元となる石仏や経塚が安置されている露岩帯が現れる。ひと登りすれば展望台のある山頂だ。展望台からの眺めは雄大で、庄内平野と日本海が眼下に広がり、北には残雪の鳥海山が美しい。

帰路は北へ続く尾根道を行き、細いヤセ尾根をわずかに下ると、須弥壇岩《しゅみだんいわ》となる。ブナの尾根を離れると、一変して激しい下りの連続になる。丸太で作った階段や手すり用のロープで整備された急傾斜を一気に下れば、赤い橋がかかる相沢川。林道に出てまもなく十二滝への遊歩道があり、つり橋を渡れば、十二滝の全容が眺められる。ひと巡りしたら林道に戻り、鹿島のバス停を目指す。

500メートルに満たない標高ゆえ酷暑時は避け、4~5月の新緑期と10~11月の紅葉期が適期となる。登山道は2万5千分の1地形図にある谷筋ではないので注意してほしい。

（日本山岳ガイド協会正会員　真鍋雅彦）

経ケ蔵山

ガイドの目

山には雪解けまもなく春を告げる花が次々と咲く。希少なミスミソウは酒田市に合併された旧平田町の町の花だった。かれんな花は折られたり掘り起こされたりされがちで、減少の一途をたどることも少なくない。有名な固有植物でなくとも、里山ならではの大切な一員であることを認識して、慈しんでほしい。

登山道に水場はないので事前の用意が必要。円能寺へのバス便は本数が限られている。十二滝から鹿島間の車道に土砂崩れ区間があり、歩行も禁止されている。事前に酒田市平田総合支所へ問い合わせを。電話は0234（52）3111。

参考タイム

円能寺登山口（30分）—猿渡りの蔵（30分）—山頂（50分）—十二滝（20分）—鹿島バス停

国土地理院2万5千分の1「中野俣」「升田」

13

瀧山

ryuzan

紅葉のパッチワークが見事
滝の山、大パノラマも

山形・山形市

1362m

蔵王の前衛峰にあたり、平安時代に慈覚大師《じかくだいし》が開山した山岳信仰の山である。また「瀧山48滝」からなる滝の山であり、豊富な水量は住民に恵みをもたらし、かつては数百に及ぶ宿坊を支えた。現在も西蔵王を代表する山として山形市民に親しまれている。

蔵王温泉からは蔵王スカイケーブルを利用し、尾根歩きを楽しめるが、今回は、西蔵王の瀧山登山口から乳母神（姥神《うばがみ》）コースの往復を紹介する。

アクセスにはマイカーを使う。山形駅から30分ほど、西蔵王山麓の放牧場入り口のゲート先に20台ほどのスペースの駐車場がある。ゲートが開いているのは朝から夕方だが、時間外でも人は通れる。5月は放牧場に咲くオオヤマザクラ観賞でにぎわう。ゲートから放牧場の管理車道を進む。舗装されているので歩きやすい。30分ほどで「うがい場」に着く。実質的な登山口だ。

雑木林の登山道に入ると、すぐ前滝コースとの分岐。乳母神コースを進むと立派な赤松の混交林になる。勾配がきつくなってくるが、あせらず歩こう。40分ほどで標高は千メートルを超え、コースの由来となる乳母神様に出会う。ここからはブナの樹林帯となり、ヤセ尾根に急登が続き高度感が増す。慎重に登ろう。30分ほどで閉鎖された大滝コースの分岐に着く。ここから低木帯に変わり、30分足らずで瀧山神社が祭られている頂上だ。

山頂からは南東に蔵王スキー場が間近に迫り、眼下に蔵王温泉が広がる。秋は針葉樹の緑、ブナの黄、カエデの紅。まるで紅葉のパッチワークだ。目を転じれば、蔵王の主峰・熊野岳、吾妻山、飯豊《いいで》連峰、朝日連峰、月山、鳥海山と東北の名山の大パノラマが素晴らしい。展望を楽しんだ後は、復路の急坂を慎重に下る。短い行程ながら、急峻《きゆうしゆん》な登山道と山頂からの素晴らしい眺望は、登山の達成感と醍醐味《だいごみ》を味わうことができるだろう。

下山後は、蔵王温泉もあり、別に車で15分圏内に日帰り温泉施設が複数ある。また、山麓には、瀧山の良水で練り上げたおいしいそば屋が何軒かあるので、早い時間に下山した折りにはぜひご賞味を。

（日本山岳ガイド協会正会員　真鍋雅彦）

瀧山

ガイドの目

登山道は意外に急で、登り始めから勾配がどんどん増していく。初心者やファミリーならペース配分を考え、息を切らさず登ることが大切。定期的に5分程の短い休憩を取り、その時に水分とカロリーの補給も忘れずに。下山後の体力温存を目標にして終わりたい。

暑さを避けて、新緑の5月、紅葉の10月がベストシーズンになる。トイレ、水場はコース上にない。事前に準備を整えて山に向かおう。

参考タイム

駐車場（30分）ーうがい場（40分）ー乳母神様（30分）ー大滝コース分岐（30分）ー山頂（1時間）ーうがい場（25分）ー駐車場

国土地理院2万5千分の1「山形南部」「笹谷峠」

14

志津倉山

shizukurayama

巨大岩場、新緑のブナ
雪深い会津の静かな山

福島・三島町
昭和村

1234m

雪深い会津地方の奥、静かな山だ。新緑の春と紅葉の秋。樹齢４００年以上といわれる直径１メートル以上のブナ、トチ、サワグルミなどが多く、豊かな自然を味わえる。山肌には雪崩が削り取った筋状の岩肌が目立ち、巨大な一枚岩（スラブ）の雨乞岩《あまごいいわ》なども見どころだ。国土地理院地図は標高１２０３メートルのピークを志津倉山と表示するが、これは志津倉山本峰といわれ、その西にある１２３４メートルの三角点の峰が一般的に志津倉山とされる。登山道はこちらを通る。

言い伝えも多い。化け猫が改心したという「カシャ猫」にまつわる猫啼岩《ねこなきいわ》や日照り解消の雨乞岩など、特徴的な岩に関する民話、伝承が残る。

登山口までは、マイカーなら尾瀬国立公園を水源とする只見川に沿って国道252号を進み、JR只見線会津宮下駅から大谷川に沿って南下。約40分で大沢コース登山口に着く。6~7台の駐車スペースがある。登山届提出箱のある登山口から大沢沿いに歩き始め、20分ほどで右手に大きな岩場が現れる。これが雨乞岩。右への分岐には入らず、直進すると水場だ。流水を補給しよう。そこからのシャクナゲ坂は急登でやせ尾根。ロープもある。30分ほどで三本松。ブナの見事なブナ平に出ると主稜線《しゆりようせん》だ。間もなく山頂。頂上には展望を阻む樹木もあるが、北に飯豊《いいで》連峰、吾妻連峰、磐梯山などの東北の名山、南に七ケ岳《ななつがたけ》、日光連山などが望める。下山は、稜線に沿って西へ進み、細ヒドコースへ。糸滝からは急な下りであり、くさり場があるので注意してほしい。長い風雪に耐えた巨大なブナを堪能して大沢コースにぶつかると周回は完了。駐車場は近い。

山麓には、ゆったり流れる只見川沿いに宮下、早戸の二つの温泉がある。下山後、のんびりと入浴して疲れを癒やそう。

アプローチには時間を要する。会津若松市からは日帰りも十分可能だが、かなり遠方からなら前日に会津若松に入り、鶴ケ城や白虎隊の飯盛山《いいもりやま》などの歴史観光をして三島町の温泉に前泊。翌日に志津倉山に登るプランを考えても良い。

（日本山岳ガイド協会正会員　安部孝夫）

志津倉山

ガイドの目

会津の奥で、アクセスが難だ。公共交通機関なら会津宮下駅までJR。駅からタクシーを使う。デマンドバス予約センター＝電話0241（52）3810＝に事前に連絡すれば、同駅からバスを出してもらえる。

シャクナゲ坂、細ヒドの急坂はくさり場、ロープがあり、登降の際には注意してほしい。

お勧めは新緑の5月〜6月と紅葉の10月だ。山開きは例年6月第1日曜。それ以前の入山は三島町観光協会で情報収集を。電話0241（48）5000。5月は登山道の大沢に雪が残る年があり注意してほしい。水場はあるが、持参がベター。

参考タイム

登山口（1時間）－最後の水場（1時間）－山頂（40分）－糸滝（40分）－登山口

国土地理院2万5千分の1「博士山」「野尻」

15

二岐山

futamatayama

福島・天栄村 下郷町

1544m

ブナ林の山、麓に秘湯 谷文晁が描いた双耳峰

北アルプスの槍ヶ岳はどこから見ても「あれが槍だ！」と分かるように、この山も福島県内なら遠く離れていても判別できる。男岳《おだけ》、女岳《めだけ》の二つのピークをもつ双耳峰であり、この山さえ見つけられればそれを基点に周辺を見分けられる。

江戸時代後期の代表的画家、谷文晁《たにぶんちょう》の「日本名山図会」にも描かれた。江戸時代から知られた山だったのだろう。

山麓にある秘湯、二岐温泉まで以前は細い砂利道だったが、今は舗装道が通じる。公共交通機関もあるが、便数が少ないので、車利用が便利か。

御鍋《おなべ》神社からの登山道を紹介する。温泉から登山口まで砂利道の林道を二俣川に沿って

入る。徒歩なら約1時間。車なら登山口手前に50台は駐車可能な駐車場がある。

登山道は林道から右に入ると間もなく八丁坂の急登が続く。1時間ほど頑張ろう。中腹のブナ平となる。ブナ、アスナロの大木があちこちに見られる平たん地で、ここは伐採の残木も多く、秋には紅葉も楽しめる。ブナ平から男岳山頂まで標高差約300メートルを再び一気に登り、2等三角点のある山頂に立つ。福島県には多くの山があるが、ここの展望は360度、遮るものは全くなく、春なら南の甲子、那須連峰や、西には会津、越後の山々。飯豊《いいで》連峰、磐梯山《ばんだいさん》、安達太良山《あだたらやま》など著名な山の展望を独り占めできる。

男岳とセットの女岳（1504メートル）はすぐ北側。20分なので余裕のある人は足を延ばすとよい。時間がない人は御鍋神社登山口に下りれば、約3時間半の行程で素晴らしい自然が楽しめる。

この御鍋神社のご神体は、大鍋という珍しいものなので、ぜひ立ち寄ってみては。

登山道は地元天栄村の山岳会が整備を行っている。低山でもやや標高の高い山だが、家族連れでも大丈夫。ただ、山開きは5月下旬なので、それ以前は役場などにコース状態を確認してほしい。下山後は、個性豊かな宿がある二岐温泉で汗を流して疲れを癒やそう。泉質は硫酸塩泉でとても気持ちが良い。


（日本山岳ガイド協会正会員　安部孝夫）

二岐山

ガイドの目

女岳から北東側へ下る周回コースを取れば、二岐温泉に下山できる。ただ地獄坂というロープのある急坂で注意を要する。また車の場合はスタートの御鍋登山口まで車回収に約1時間を要する。5月の大型連休まで北斜面には雪が残る年もある。水場は温泉を過ぎ、二俣川の橋を渡った所にある。

足は車利用が便利だ。東北道の須賀川インターから二岐温泉まで約45キロ。公共交通機関はJR須賀川駅から福島交通バスがあるが、1日2便だ。

参考タイム

二岐温泉バス停（1時間）—御鍋登山口駐車場（5分）—登山口（50分）—ブナ平（50分）—男岳山頂（20分）—女岳（1時間30分）—御鍋登山口（5分）—駐車場

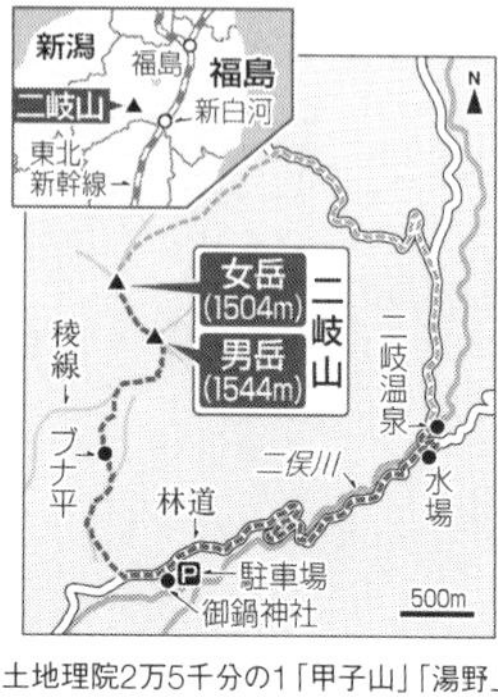

国土地理院2万5千分の1「甲子山」「湯野上」

16

神峰山

kamineyama

黄門様由来、御来光仰ぐ
冬の日だまり楽しむ山

茨城・日立市

587m

御来光を眺めるには最良の山である。日立市の北西に位置し、高鈴《たかすず》県立自然公園の一角。山頂には、鉱山と工業都市、日立のシンボルでもあった大煙突を望む記念レリーフもある。はるか先には、雄大な太平洋が広がり、遮るものもなく太陽は昇ってくる。

山頂には神峰神社（奥の宮）がたつ。かつて徳川光圀《とくがわみつくに》公が隠居後に詣でて御来光を眺めたといわれる。日が昇る村、日立村の由来ともなっていると言い伝えられている。

アクセスは、日立駅からバスがあるが、日の出を望むならマイカー利用となる。県道を本山トンネル手前の日鉱記念館から登る。手前のあかさわ山荘バス停前に駐車スペースがある。防寒具とヘッドライトを忘れずに。

あかさわ山荘から県道を進み、トンネル手前にある階段を上る。林道を15分ほど行くと神峰山登山道入り口を示す案内板に出合う。さらに「高鈴山、神峰山」の道標に導かれ左に折れる。やや急な山道を登ると広い尾根道に出る。尾根道には、日鉱記念館を示す標識はあるが、左右の行先を示す道標はない。右に行くと神峰山、左に進むと御岩山を経て高鈴山に至る。右に進路をとる。緩やかな山道を進むとすぐに「奥日立きららの里」の分岐。秋には枯れ葉を踏みしめて歩く。少し登ると「かみね公園」への下山路の分岐に出る。尾根筋の道をゆっくり登って行くと神峰神社が見え、もう山頂だ。

頂上にはベンチと大煙突記念レリーフがある。一角が切り開かれ、大煙突、日立市街、太平洋を一望できる。ベンチに座って御来光を待とう。

帰路は、高鈴県立自然公園の盟主、高鈴山（623メートル）へ回ろう。道を戻り、日鉱記念館の分岐を前進。向陽台への林道分岐に出る。林道を道標に導かれ左に進むと小さな上り下りのある山道となる。御岩山には迂回路《うかいろ》と頂上経由の道があるが、岩場が苦手なら迂回路へ。樹林の尾根を進むと高鈴山山頂だ。御来光も仰げるが、眺望は日光方面が開けている。下山は、車道を少し下ると大きな分岐点に出る。ここであかさわ山荘への道をたどれば出発点に戻る。冬の一日、日だまりハイクを楽しめるコースだ。

（日本山岳ガイド協会正会員　武川俊二）

神峰山

ガイドの目

御来光登山の場合は、ヘッドライトは必携。手持ちの懐中電灯だと歩くのに不便だ。登山道は所々細くなるが、大方が幅広で歩きやすい。案内板、道標も適度にあり安心して歩ける。しかし、作業道など脇道も多いので、本道を間違えないように注意しよう。樹林の葉が落ちた晩秋から冬場は展望が広がる。新緑の時期は、もえる緑を楽しめ、秋には紅葉が美しい。途中、水を補給する場所がないため、事前に用意して行こう。

参考タイム

あかさわ山荘（40分）－登山道入り口（15分）－尾根分岐（25分）－かみね公園分岐（15分）－神峰山山頂（40分）－向陽台分岐（45分）－高鈴山（55分）－あかさわ山荘

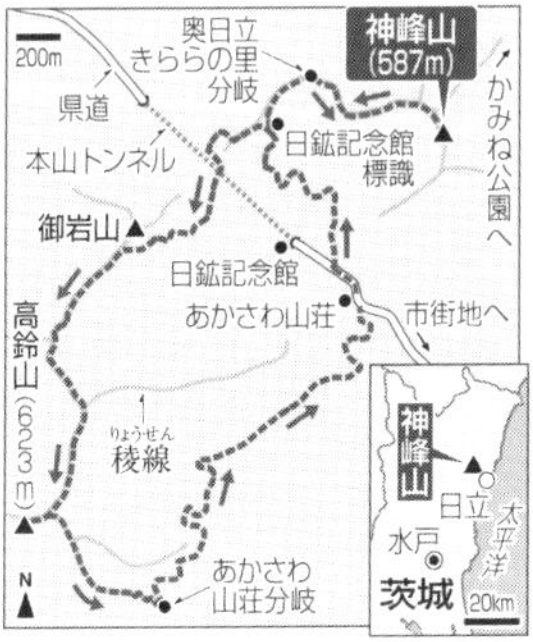

国土地理院2万5千分の1「町屋」

17

吾国山

wagakunisan

花と展望の低山縦走
スズランやカタクリの山

茨城・石岡市 笠間市

518m

茨城県の中央部、JR常磐線岩間駅と水戸線福原駅に挟まれた吾国・愛宕《あたご》県立自然公園の北端にこの山はある。体力に合わせて複数のコースが取れるが、公共交通機関が十分でなく、ちょっと頑張って岩間駅から愛宕山、難台山《なんだいさん》を越える吾国山への縦走を紹介する。

岩間駅西口から正面に見える愛宕山へ車道を歩く。ハイキングコースは春には、登りながら山麓のソメイヨシノとナシの花をめでることも。時間短縮には頂上の愛宕神社直下まで参道をタクシーで上がることもできる。国土地理院地図では293メートルの表示だが、地元資料では306メートルの愛宕山頂上周辺のにぎわいを後にヤエザクラの平坦な遊歩道に入ると林道を分ける乗越峠《のっこしとうげ》だ。道標には、この山並みの主峰難台山まで4・4キロ、吾国山まで6・9キロ、福原駅まで12・1キロとある。

南山展望台まで登り、ゆるやかに団子石峠へ下る。この峠も林道が横切る。ブナ、コナラ、ヤマザクラの明るい林に鳥のさえずりが心地よい。巨大なおにぎりのような団子石を過ぎると、山道は大波のうねりに似た上り下りが三つ続く。植林が減ると獅子ケ鼻、天狗《てんぐ》の奥庭と岩場の突起が続く。巨大な屏風岩《びょうぶいわ》を過ぎるとシノダケの生い茂る難台山頂に出る。石の祠《ほこら》と方位盤がある。頂上から段々の長い急坂を一気に下るとスズラン群生地分岐点。15分下るとスズランの群生地がある（5月初旬～中旬が見ごろ）。

吾国山へはそのまま尾根を進み、さらに下ってひと山越すと車道のフルーツラインが交差する道祖神峠に着く。1メートルほどの道祖神があり、福原駅まであと6キロとある。

吾国山へは青少年教育施設洗心館《せんしんかん》の広場を抜けて、しばらく防火帯登山道を直登する。土塁に囲まれた田上神社のある山頂に出る。山頂には1等三角点がある。土塁に立つと展望は非常によく、越えてきた難台山や、南西方面には筑波連山が絵のように眺められる。

福原駅への下山は道標と丁目石が誘導してくれる。山頂直下にはカタクリ群落が保護され、ブナの原生林を下りきると、あぜ道になる。北関東自動車道をくぐり、水戸線の踏切を渡って駅舎に出る。


（日本山岳ガイド協会正会員　大蔵喜福）

吾国山

ガイドの目

長さ数十メートルから100メートルほどの急な下りがいくつもある。赤土の道は滑りやすい。補助ロープが設置されているが要注意だ。最大傾斜に正対し、足首、膝を曲げて前傾姿勢をとり、靴底のグリップ力を利かしストックでブレーキをかけ安全に下りよう。

バス停や鉄道駅まで、どこを下りても2時間近くかかる。緊急時の避難は峠に出て交差する林道へタクシーを携帯で呼ぶことに尽きる。マイカーはお勧めできない。

縦走は距離がある。秋や冬は早めの出発を。

参考タイム

岩間駅（50分）－愛宕山（1時間）－団子石峠（1時間）－難台山（30分）－道祖神峠（30分）－吾国山（1時間35分）－福原駅

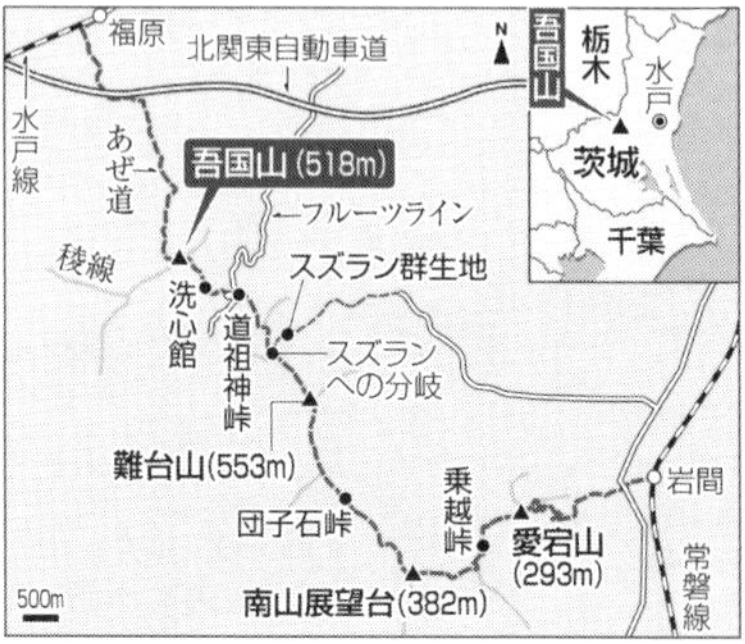

国土地理院2万5千分の1「加波山」「羽黒」「岩間」

18

社山

shazan

中禅寺湖に映える山容
湖畔歩き、男体山を望む

栃木・日光市

1827m

日光中禅寺湖畔は、1200メートルを超す標高と自然の豊かさから、明治以降に避暑地として多くの人々に愛されてきた。この山は、半月山、黒檜山《くろびさん》とともに湖の南側外壁を形成し、その円すい形の山容は湖畔に映える。

週末に中禅寺湖畔に1泊し、山歩きを楽しむとともに、他の時間を日光国立公園の名所旧跡の探訪に充てると良い。周囲に温泉も多く、登山後に疲れを癒やすのにも向く。

登路は2コースあり、阿世潟《あぜがた》から山頂に至るものと、半月山バス停から尾根道をたどるものが一般的だ。ここでは、雰囲気の良い湖畔歩きを楽しめる阿世潟コースを紹介する。どちらも登山道はよく整備され、親子、家族連れに適している。

日光駅からバスで中禅寺温泉へ。そこのバスターミナルから半月山行きのバスでイタリア・英国大使館別荘記念公園で下車、湖畔に沿う林道を阿世潟へ向かう。周囲の樹林はミズナラ、ブナ、カツラ、カエデ、シラカバ、ダケカンバなどで、紅葉期の素晴らしさを想像できる。また、岸辺の美しさも良い。1時間ほどで阿世潟の分岐に着く。道標に導かれ、緩い登りを30分ほどで阿世潟峠だ。植生はあまり変わらないが、地面はササに覆われている。峠から急な尾根道をひと登りすると、雨量計の鉄塔が立つ小山に達する。

ここから展望が開け、気持ちが良い。中禅寺湖の上に男体山や太郎山がそびえ、振り返ると半月山へ稜線《りょうせん》が続く。さらにダケカンバ、シャクナゲやツツジの交じる樹林帯の急登を登り切ると、コメツガが点在する山頂に着く。樹木以外は一面のササ原だ。

頂上には、三角点の標柱がある。樹林の間から男体山、南から西へ足尾の山々から庚申《こうしん》山《ざん》、皇海山《すかいさん》が望める。山頂から西へ5分ほどで開けた場所に出る。北西側に錫ケ岳や白根山が見渡せる。

下山は往路を戻る。ササに覆われた登山道は、岩や木の根が隠れていることが多いので、気をつけよう。帰路に、イタリア大使館や英国大使館の別荘を復元した建物を訪ねるのも一興だ。湖畔の風情は、日光の山歩きをより印象深いものにするだろう。

（日本山岳ガイド協会理事長　磯野剛太）

社山

ガイドの目

登山適季は、主に5月〜6月のシャクナゲやツツジの開花期と10月の紅葉の頃が一番だ。夏はササ原に覆われ、高山の花は少ない。花々を訪ねるなら、近くの戦場ケ原方面へ立ち寄りたい。

しかし、夏の中禅寺湖畔は涼しく、避暑を兼ねてのんびり歩く山として推薦できる。足を延ばしたい人は、往路か帰路に半月山まで縦走すると良いだろう。初歩の雪山登山にも向いている。

電車で日帰りも可能。車も駐車場が整備されて便利だ。ゆとりがあれば東照宮などの世界遺産を訪ねるのも良い。

参考タイム

イタリア・英国大使館別荘記念公園バス停（1時間30分）ー阿世潟峠（1時間30分）ー社山（1時間）ー阿世潟峠（1時間10分）ーイタリア・英国大使館別荘記念公園

国土地理院2万5千分の1「中禅寺湖」

19

二股山

futamatayama

日光連山望む双耳峰
スリリングな岩場は避けて

栃木
・
鹿沼市
南峰

570m

栃木県鹿沼市の西にあるどっしりとした双耳峰で、日光連山や古賀志山《こがしやま》の展望が素晴らしい。登山口は3カ所あり、どこからでも山頂まで1時間半以内で登れる。今回は下久我《しもくが》・岩の下から登り、下沢《しもざわ》・大関に下る横断コースを紹介する。

岩の下バス停で下車、少し戻ると北側に点在する農家と杉林の間の道に黄色い標識（林道岩渕線）がある。これが登山口だ。右側に杉林を見ながら進むと二股山への小さな道標がある。直進すると10台ほど駐車可能な広場となり、ここが林道の終点。

登山道は杉林の中を流れる細い沢沿いに続く。雪による倒木が多く、しばらくくぐったりまたいだりする。やがて枯れ沢になり岩石の交じる道となる。左手に岩渕の滝と称される小さくて端正な滝がある。杉木立の中の道はジグザグ登りとなる。平たんな尾根筋に出ると、その先は直登に変わりNHK送信所に出る。

北峰の山頂は送信所のすぐ先で、東側に古賀志山などや鹿沼市街が広がる。石の祠《ほこら》が置かれ南側は十数メートルの断崖となっている。固定ロープが設置され、岩登りの心得がある人なら冒険的体験を楽しめるが、一般的にはお勧めできない。頂上から少し戻り、北峰・南峰の道標から左手へ、迂《う》回路《かいろ》へ下るのが無難だ。岩場の下を回り込むとすぐに両峰の鞍部《あんぶ》に出る。

三角点のある南峰へは立木と固定ロープを補助に東斜面を登る。急勾配なので慎重に。頂上は大きく開けた北西方面に、男体山をはじめ日光の山々がびょうぶのように連なる。周辺には珍しいヒカゲツツジの群生があり、4月中旬は素晴らしい花模様を見せてくれる。

南峰から下るとすぐに展望台で、開けた尾根筋の一角に出る。群馬県境の山々が幾重にもなってかなたに浮かぶ。下沢、加園《かぞの》方面の道標から急勾配の杉木立と雑木林の中をジグザグに下る。加園との分岐を左へ取り、ベンチをやり過ごし下ると道は細い流れに沿うようになる。麓に出たら下沢集落を真っすぐに進み、街道に出て大関橋を渡ると、下沢大関橋バス停は目と鼻の先だ。ただ本数が少ないので事前に確認を。

（日本山岳ガイド協会正会員　大蔵喜福）

二股山

ガイドの目

短時間で登れるが、急傾斜がある。ストックを持参し、安全に気を配ってほしい。冬季は枯れ葉と霜柱に注意。滑る。下沢登山口には無料貸し出しのつえが用意されている。使用後は返却を忘れずに。

地元有志により下沢、下久我、加園を起点とする回遊コースが開拓され、登山口、頂上などの道標に略図が表記。新しい道標とともに迷わないための安全対策が行き届いている。

ルートには水場がなく、トイレもない。

参考タイム

岩の下（20分）ー林道終点（1時間）ー北峰（15分）ー南峰（5分）ー展望台（10分）ー加園分岐（45分）ー下沢登山口（20分）ー下沢大関橋

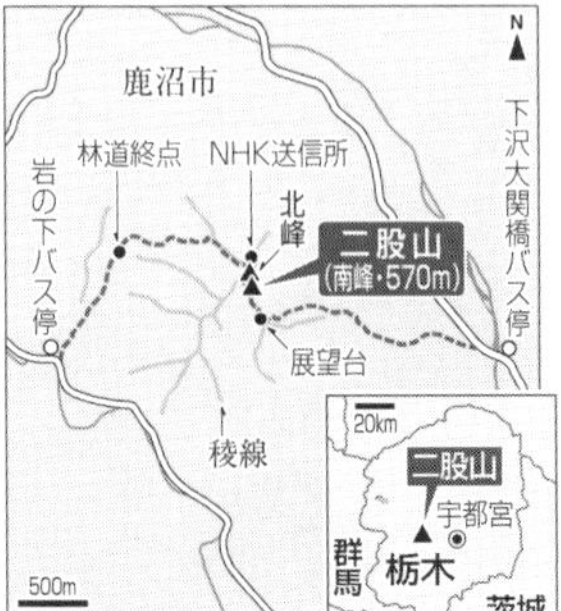

国土地理院2万5千分の1「鹿沼」「文挟（ふばさみ）」

20 子持山

komochiyama

群馬・渋川市 沼田市 高山村

1296m

深田久弥「気になる山」紅葉や雪の谷川の遠望

榛名山と赤城山との間に位置し、渋川市の背後にそびえる休火山だが、両山に比べると悲しいほど知られていない。JR渋川駅を出て新潟方面へ向かうと、車窓に大きな岩稜《がんりょう》を抱えた子持山が見えてくる。亡くなった深田久弥さんが「気になる山」という趣旨の記述をした山である。

この山には、南側の子持神社からしし岩などを経て山頂に至る代表的ルートがある。沢あり、岩ありで変化に富んで楽しいが、難所が多い。

家族・親子で登るのに最適な北西側のルートを紹介する。こちらは岩場などの難所がなく、尾根筋はなだらかで、登山道から景色を堪能できる。

起点は、ぐんま天文台への分岐手前の駐車場だ。公共交通機関がなく、車でのアクセスとなる。渋川から水上方面に抜ける県道の中山峠から林道を進むと天文台ゲートに出る。ここに駐車場があり、車を降りスタートだ。標高は約800メートル。林道を進むと分岐が現れ、左は天文台、右は山頂の標識。指示通り右に進むと、20分ほどで車止めゲートとなる。ゲートの先も林道を進む。

小一時間ほどで林道正面にガードレールが切れ、立派な道標が現れる。小峠からの登山道の合流だ。ここの標高は1100メートルほど。林道を進むとすぐ左側に山頂への登山道の標識が現れる。そのまま林道を行けば電波塔に着く。電波塔から頂上へも行けるが、ここは素直に頂上への直登ルートを進もう。林道を離れ、登山道となる。残り標高約200メートル、40分ほどの行程だ。尾根を踏みながら高度を増す。広葉樹林帯で、秋には紅葉や、落葉による景色が開けて気持ち良い。頂上直下の急登を終えると山頂に出る。

頂上で目立つのは、大岩に立つ十二山神の文字が刻された碑と、不似合いに大きな1等三角点の石柱だ。山頂は360度の大展望というわけにはいかないが、初冬なら雪の谷川連峰、日光方面、赤城山などの遠望を楽しめるだろう。

下山は同じ道を下るか、電波塔に寄り道しても。1時間半ほどで天文台ゲートに戻る。

（日本山岳ガイド協会正会員　小林正樹）

子持山

ガイドの目

天文台駐車場には、立派な水洗トイレがある。他にトイレはないので、利用してから出発しよう。ルート上に水場はないので、水は持参したい。道標・標識は多くはないが、適切で、迷うことはないだろう。

晩秋には、登山道が落葉に覆われてルートが見づらくなることがある。さらにふかふかと気持ち良い歩き心地の半面、下に隠れた木の根などにつまずくこともある。注意したい。林道は所々舗装されているが、その上にコケが生え、大変滑りやすいので注意しよう。

秋の日は短い。万一に備え、ヘッドランプと予備の電池は必携だ。

参考タイム

駐車場（20分）ー林道ゲート（50分）ー小峠からの登山道合流（40分）ー山頂（20分）ー電波塔（1時間20分）ー駐車場

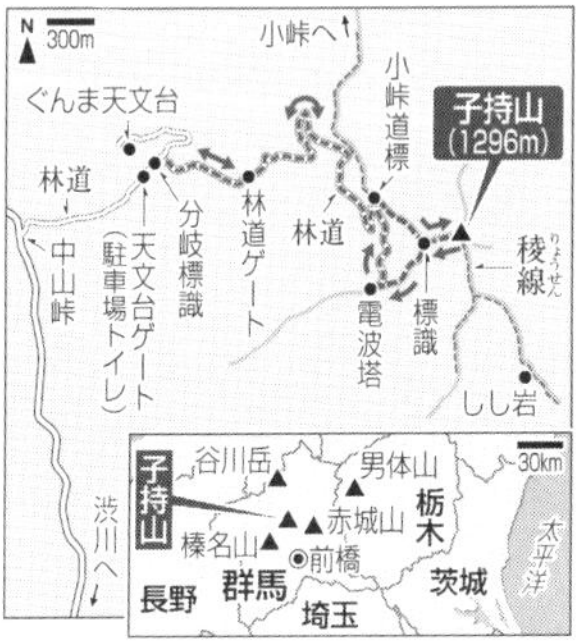

国土地理院2万5千分の1「上野中山」「沼田」「鯉沢」

21

鍋割山

nabewariyama

群馬・前橋市

1332m

関東平野の大展望
爽快な天上の遊歩道

赤城外輪山の最南端に位置する。北東から南西にかけての細長い稜線《りょうせん》全体がパノラマ台で、爽快な尾根歩きができる。ツツジ10万株が群生する荒山高原や静寂な鍋割高原に囲まれ、自然の大庭園も存分に楽しめる。

山頂まで1時間半余り、高度差約300メートル、距離4キロ弱。それほど苦労せずに歩き通せるというのも利点で、体力に不安な人、初心者、ファミリーに最適な山といえる。

前橋駅前からバスで赤城山ビジターセンターへ向かい、箕輪バス停下車。橋を渡った右手にある姫百合駐車場が登山口。奥にある道標に従って登山道に入る。しばらく登ると、道標の立つ乗越《のっこ》しに出る。中央の道を幾分下り、小さな流れを渡り、カラマツ林を進む。

ジグザグが続き、きれいな雑木林に変わる。荒山風穴からひと頑張りすると広々とした鞍部に出る。右へ鍋割山、左が荒山への登路だ。荒山高原という大きな表示板がある十字路で、野芝に覆われた庭園風の原だ。直進すると10分弱で棚上十字路。草地の広場に休憩舎があり、静かで休息には最適だ。鞍部から鍋割山を目指す。荒山を背後に、東側が開けた山腹を行き、折り返しで高度を稼ぐと開放感あふれるなだらかな草原状の稜線に飛び出す。抜群の展望に囲まれた稜線漫歩となる。いくつか起伏が続くが、さほど高低差はなく、尾根に残る大きな火成岩塊が景色を際立たせ、飽きずにのんびりと歩ける。鍋割山が正面にドンと見えだすと、段々道の下りとなる。高度差50メートルほど降り、一息で登り返すと三角点のある鍋割山頂に着く。長細い頂上は南が大きく開け、関東平野が隅々まで見渡せる。赤城から榛名《はるな》、西上州、浅間、上越、八ケ岳、奥秩父、奥多摩、富士、そして筑波の山々、晴れ渡れば東京スカイツリーも明瞭だ。

下山は笹原の踏み跡を南にまっすぐ下るとヤマツツジの群落の平地に出る。やや右寄りに樹林帯に入り、急な道を木や岩角につかまって下る。樹林を抜けると鍋割高原の明るくゆるやかな草原だ。訪れる人もまれで静寂につつまれた別天地。そこから林道を横切り、尾根道をたどりゴルフ場脇の車道を下ると、赤城青少年交流の家裏手に出る。

（日本山岳ガイド協会正会員　大蔵喜福）

鍋割山

ガイドの目

紹介した下山道は、露岩や滑りやすい所もまじって傾斜が強いので、ファミリーや初心者、体力に不安な人は往路を戻ると良い。距離や時間も、こちらの方が短い。バスの便も箕輪の方が多い。マイカーなら姫百合駐車場が便利。駐車スペースは50台、無料のトイレ、水場がある。ただ、週末や休日は赤城道路の混雑を考え、早めの時間帯で行動を。赤城道路中間点に日帰り温泉がある。

登山道はよく整備されて歩きやすく、気分の良い山歩きが楽しめる。

参考タイム

箕輪バス停・姫百合駐車場（40分）－荒山高原・荒山、鍋割山鞍部（1時間）－鍋割山（50分）－鍋割高原（30分）－鍋割山登山口（45分）－赤城青少年交流の家

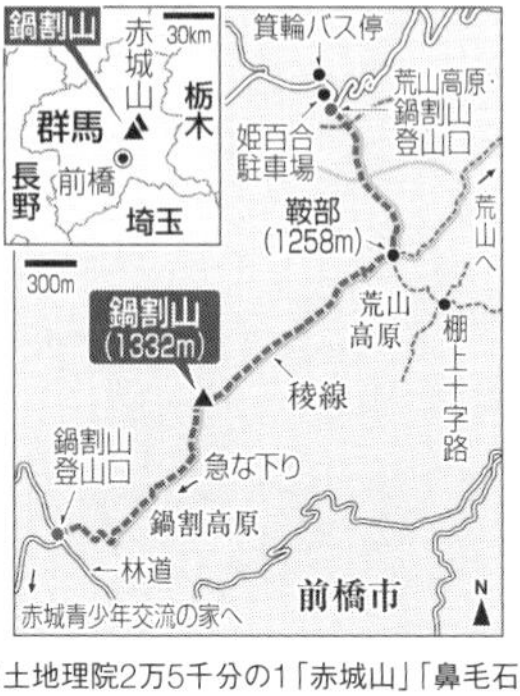

国土地理院2万5千分の1「赤城山」「鼻毛石」

22

四阿屋山

azumayasan

埼玉・小鹿野町

771m

四季の花々に出会う山 スリル満点のくさり場も

奥秩父北東部、両神山《りょうかみさん》から東にのびる稜線《りょうせん》の末端に位置する。四季を通じ、セツブンソウ、フクジュソウ、ロウバイ、ハナショウブなどの花々が楽しめる。秋からがこの山の登山シーズンだ。頂上近くは油断ならないくさり場があり、スリル満点だが、頂上抜きでも十分に楽しめる。

今回は、小森バス停から桜本コースを往路に、薬師堂に下る鳥居山コースを復路にとる。2時間足らずで頂上に立つことができる。

バス停から薬師堂方向に進み、標識を左折。あぜ道をたどり山道へ。くねくねとひと登り、疎林広場を通過するとトイレと水道がある公園管理道路終点駐車場に出る。ここまで車で入れば山頂まで1時間とかからない。車道はさらに奥の民家まで続く。右に山頂への尾根道、左下に押留《おとも》への道を分けて進むと山居広場に出る。奥秩父の山々が眺められ、トイレ、水場、休憩舎がある園地となっている。

ジグザグな階段状の登りに入り、次に手すりの付く急登を詰めると休憩舎のある展望台に出る。武甲山方面がよく見え、斜面一帯はフクジュソウの自生地となっている。

さらに急な階段道を一気に登り切り、右手から鳥居山コースの尾根道と出合うと、その先に杉木立に囲まれた四阿屋山神社（両神奥社）が見える。頂上へは神社左側からやや南側を回りこみ、岩場まじりの急登を、くさりに助けられながら慎重に登る。稜線でツツジコースと合流し、右に木の根の露出した急登を登り切ると、南北にやせた頂上に出る。3等三角点、展望方位盤、頂上標柱、小さな祠《ほこら》がある。頂からは特徴ある稜線の両神山と独特な岩峰の二子山などが眺められる。

下山は、往路を慎重に戻り、神社からは左の柏沢・薬師堂方面へ。ひと下りで鳥居山コースの分岐。右の尾根道に入る。鉄塔を経由し、植林帯をなおも下ると左に須川への小道を分け、小さな山の神社に出ると尾根道は終了。直進するとあずまやのある花見山園地に出る。振り返れば四阿屋山が大きい。車道に下りて直進すれば薬師堂のバス停だ。

（日本山岳ガイド協会正会員　大蔵喜福）

四阿屋山

ガイドの目

両神国民休養地に指定され、県民憩いの山だ。もともとセツブンソウ、フクジュソウで有名。1月下旬から3月は一帯に咲く。植物園など見どころも多い。

アクセスは秩父鉄道三峰口駅から小鹿野町営バス。マイカーなら山麓の道の駅に駐車できる。道の駅やその近辺では、いで湯が楽しめる。

冬の積雪時、凍結時は頂上へのくさり場は危険。展望広場で見事なフクジュソウを楽しもう。

参考タイム

秩父鉄道三峰口駅（バス17分）－小森バス停（40分）－駐車場（25分）－山居広場（25分）－四阿屋山神社（20分）－山頂（15分）－四阿屋山神社（15分）－鉄塔（30分）－薬師堂バス停（20分）－秩父鉄道三峰口駅

国土地理院2万5千分の1「三峰」「長又」

23

伊豆ケ岳

izugatake

冬枯れ楽しむ明るい山
眺望優れ、奥武蔵で人気

埼玉・飯能市

851m

埼玉県飯能市から秩父市に至る街道は、高麗川《こまがわ》沿いに正丸峠を越える。この辺りの山々を奥武蔵山域と言い、奥多摩と秩父の境に広がる。

伊豆ケ岳は、高麗川流域の最高峰であり、南西側は入間川の源流でもある。この山域の中央部に位置し、古くから修験の山としても有名であったが、西武秩父線が通り、四季折々、山歩きの対象として奥武蔵の最も親しまれる山となった。

ルートは正丸峠から、高麗川から、秩父や入間川側からと幾つもある。冬枯れを楽しめる明るい山だ。ただ、冬は南岸低気圧通過に伴う雪の恐れがあり、この場合は、雪の山を経験していない方にはお勧めできない。

西武線正丸駅で降りると、登山届提出箱がある。間違いなく出しておこう。駅から右に折れ、高架下を抜けて車道を集落に沿って緩やかに上る。途中、右手に安産地蔵尊がある。さらに清流沿いに上ると、馬頭尊があり、ここで正丸峠への道を右に分ける。

小高山と五輪山へ突き上げる沢沿いの山道に入る。森林伐採用の林道も並行し、間違わないこと。間伐の倒木をまたぎ、しばらく植林の間を上がると、小高山経由の登山道と、直接伊豆ケ岳直下の五輪山へ続く登山道との分岐だ。大きな道標があり、分かりやすい。

左の五輪山へは、沢沿いから急傾斜を上がる。山に慣れない人は、下りより上りに使いたい。沢沿いに大岩を乗り越え、やがて源頭の急斜面になり、工事用ロープが固定してある。すぐに支尾根の上に出て、尾根上を五輪山へ上がる。

主稜線《しゆりようせん》に出て左に少し下ると、山頂直下の男坂、女坂の分岐だ。男坂のクサリ場は危険で、登らないよう掲示されている。西側の女坂を経て頂上へ達する。特に冬の眺望が良い。近くは武川岳の肩越しに武甲山《ぶこうさん》、都心と近郊、関東北部の名山も望めるだろう。

下山は女坂を下り、正丸峠へ向けて五輪山を越す。小高山では正丸峠への道を左に見て尾根を正丸駅へ。整備された登山道をカメ岩まで下ると、沢に近づき往路に戻る。正丸駅までのんびり下ろう。

（日本山岳ガイド協会理事長　磯野剛太）

伊豆ケ岳

ガイドの目

冬の山歩きは、交通が単純であるほど良い。伊豆ケ岳は、西武線を利用することで、首都圏各地から簡単に日帰りの山歩きが楽しめる。またマイカー利用でも、正丸駅には駐車場が整備され至便である。

春や秋には、この山から、足腰を守る神仏の子《ね》ノ《の》権現《ごんげん》や竹寺まで頑張って歩くことを勧める。冬は日が短いので、慣れない人は山頂を往復するだけにとどめよう。

特に降雪直後は、無理をせず、途中で引き返すか場所を変えよう。

西武線沿線には、高山不動尊、関八州見晴台、日和田山、天覧山など見どころに事欠かない。

参考タイム

正丸駅（50分）－五輪山分岐（50分）－伊豆ケ岳（30分）－小高山（1時間）－正丸駅

国土地理院2万5千分の1「正丸峠」

24

大福山

daifukuzan

千葉・市原市

292m

淡い春色の房総丘陵
変化に富んだ梅ケ瀬渓谷

養老渓谷から7キロほど西にある市原市の最高峰。頂上の展望台から眺める房総丘陵は、多種多様な樹林に覆われ、繊細な重なりを見せている。その南方に源を発す梅ケ瀬渓谷は、変化に富んだ渓谷美で、養老渓谷とともに春は梅、秋は紅葉の名所として名高い。今回は大福山から渓谷を巡るコースを紹介する。

小湊鉄道の養老渓谷駅から、道標に従って踏切を渡り、養老川にかかる宝衛橋を過ぎて、黒川沼に沿ってそのまま進む。朝生原《あそうばら》トンネルをくぐると、梅ケ瀬渓谷入り口の分岐点に出る（帰路はここに戻る）。女ケ倉《めがくら》集落を過ぎ、女ケ倉橋を渡ると、カエデの並木が続く展望の良い静かな林道で、春は丘陵が淡く美しい。さらに進むと素朴な山村風景の上古屋《かみふるや》敷《しき》。その先にトイレ完備の梅ケ瀬渓谷駐車場がある。

ドーム状の大福山を目指して進むと、右手に展望台があり、房総丘陵をぐるりと見渡せる。すぐ下があずまやのある梅ケ瀬分岐。その先に山頂登り口があり、85の石段を上ると、平坦な頂に白鳥神社が祭られている。

渓谷へは少し戻り、分岐を南東に下る。しばらく緩やかな尾根筋を行き、やや急な樹林帯を下ると、ぽっかりと開けた川底に着く。周辺はもみじ谷と呼ばれ、秋には素晴らしい景観とにぎわいをみせるという。谷の最深部にはこの地に理想郷を立てようとした明治の教育者、日高誠実《ひだかのぶざね》邸跡があり、当時植栽されたカエデの大木がその名残をしのばせている。狭い両岸には、高さ30～50メートルの、梅ケ瀬層と呼ばれる垂直に切り立った険しい浸食崖が所々にある。好対照なのが砂岩の滑床を流れるやさしい浅瀬。絶妙なコントラストを描いている。

流れに沿ってうねうねと下るとナメ滝、せせらぎの階段、湿原、通過できる川のトンネルもあり飽きない。杉の小道からさらに下っていくと流れは天然洞穴に入りまた現れる。幾度か流れを渡ると細い道に出る。小滝が見える手前から大きく北に向きを変え、大障壁のある広い駐車場に出る。女ケ倉の分岐は目と鼻の先だ。


（日本山岳ガイド協会正会員　大蔵喜福）

大福山

ガイドの目

コースの距離は約12キロ、大福山へは舗装された林道を行く。近頃はツーリングやトレーニングの自転車愛好家が増えた。

登山道は渓谷の4キロのみ。急な上り下りは木の根の張り出しもあり転びやすい。足元は岩清水の滴る岩肌と浅瀬だ。ぬれずに歩けるグリップ力のあるトレッキングシューズで安全に。沢登りの装備をせずに楽しめ、親子で行ける珍しい渓谷だ。トイレは大福山手前の公園と駐車場にそれぞれある。

参考タイム

養老渓谷駅（10分）－宝衛橋（20分）－女ケ倉集落（50分）－大福山（30分）－もみじ谷分岐＝日高邸跡往復20分＝（40分）－女ケ倉分岐（20分）－宝衛橋（10分）－養老渓谷駅

国土地理院2万5千分の1「上総中野」「大多喜」

25

富山

tomisan

千葉・南房総市

349m

絶景、海を隔てた富士
『南総里見八犬伝』の舞台

富山と書いて「とみさん」と読ませるこの山は房総半島の南端に近く、内房の海に近い。山体は北峰と南峰の双耳峰で、天候に恵まれれば浦賀水道や三浦半島を隔てて富士山の絶景を楽しめる。また、江戸時代の作家、曲亭馬琴《きょくていばきん》の『南総里見八犬伝』の舞台となった山でもある。

登山コースは3ルートが考えられる。今回は反時計回りに、登山口から福満寺を経由して南峰から北峰へとたどり伏姫籠穴《ふせひめろうけつ》経由で登山口へと戻る周回コースを紹介する。登山口は富山中前バス停。マイカー利用なら、ここに30台ほどの無料駐車場がある。電車なら、JR内房線の岩井駅から徒歩20分ほどだ。登山口前の県道を東へたどると、福満寺・富山遊歩道への入り口の標識があり、これに従い左に折れるとすぐに仁王門のある福満寺。境内を抜けて登山道に入ると、ほどなく1合目の標石が現れる。この先は、この「合目石」に導かれて進む。5合目からは本格的な登りが始まり、階段の急登が続く。所々にベンチがあり、7合目辺りで休憩するといいだろう。ここまで来れば山頂まではもう一息、わずかの急登で仁王杉だ。南峰へはここから往復するが、頂上は樹林のため展望はない。

仁王杉へ戻り、南峰の東側を巻きながら下ると北峰との間の鞍部に出る。伏姫籠穴への下山路分岐でもある。北峰へは直進し、南総里見八犬士終焉《しゅうえん》の地の標柱を過ぎてひと登りで標高349メートルの三角点のある北峰頂上である。展望台に上れば、房総の山並みと複雑な海岸線を描く海、そして富士山と、大パノラマが広がる。三角点は電波塔の裏にひっそりたたずむ。帰路は、先ほどの分岐まで戻り、ひたすら丸太階段の急坂を下ることしばしで、林道終点の登山口に飛び出す。ここからは林道を緩やかに下っていけば、伏姫籠穴の入り口にたどり着く。

『南総里見八犬伝』で安房の里見家の伏姫が、飼い犬の八房《やつふさ》とともに暮らすことになったのがこの洞窟で、そこから物語が展開する。往復10分ほどなので足を向けてみよう。その後はスイセン畑を横目に車道を下れば、出発点の富山中前の登山口に出る。

（日本山岳ガイド協会正会員　下瀬雅史）

富山

ガイドの目

冬や早春の日だまりを楽しみたい。コース全体に危険箇所はなく、標識も整備されていて迷う場所はない。ただ、下山路の丸太階段は雨でぬれると滑りやすいので注意したい。また早朝や夕暮れの富士山を眺めるには、ヘッドランプは必携だ。

山中に水場はない。トイレは福満寺と伏姫籠穴入り口に、そして簡易トイレが八犬士終焉の地広場にある。

コース沿いにはスイセン畑が点在しており、早春の頃に訪れれば、白い花と香りが楽しめよう。

参考タイム

富山中前登山口（1時間30分）－仁王杉＝南峰往復10分＝（15分）－北峰（25分）－林道（20分）－伏姫籠穴入り口（15分）－富山中前登山口

国土地理院2万5千分の1「保田」「金東」

26

日の出山

hinodeyama

東京
・
青梅市
日の出町

902m

奥多摩入門の山
御岳山から静寂の尾根へ

静寂で緩やかな稜線《りょうせん》歩きが楽しめる奥多摩入門の山。アクセスも便利で登山道も整備され、さまざまなルートから登られている。今回は、関東で名高い信仰の山、御岳山《みたけさん》から日の出山へ。ケーブルカー（御岳登山鉄道）を使ってJRの駅からの標高差約600メートルをカバー。親子連れや体力に自信の無い方、奥多摩を初めて訪れる人達にお勧めしたい。秋には星や月を眺め、御岳山の宿坊に泊まって往復する夜のお月見山行も楽しめる。

JR青梅線御嶽《みたけ》駅からバスとケーブルカーを乗り継いで御岳山駅へ。駅前の御岳平が出発点となる。御岳平から杉木立の間に日の出山を眺めながら、左手の参道を進み、鳥居をくぐると前方に家並みが見える。御岳ビジターセンターの前を進むと、樹齢千年といわれる神代《じんだい》ケヤキがある。左手に日の出山への道が分かれる。時間があれば、往復約15分の御岳山頂の御嶽神社へ寄ってみよう。

分岐から道標に従って起伏のある集落の中を抜けると、静かな山道に入る。植林の尾根を下って行くと左手に開けた畑地に出る。正面に日の出山が眺める。岩の尾根道の先で右に上養沢《かみようざわ》と養沢鍾乳洞方面への道を分け、角材で階段状に仕切られた道から、山側に岩場を見て南面を巻くように登っていくと、東雲《しののめ》山荘が前方に見えてくる。右手に大きな案内板と気持ちの良いトイレがある。園地のように整備された奥の高みが山頂だ。

あずまやの立つ広々とした頂は気持ち良く開け、東に関東平野の展望が開ける。西には御岳山と川苔山《かわのりやま》など奥多摩の山々、間近には大岳山。秋から冬の遠望のきく日には筑波や日光の山々を眺めることができる。

下山は南東の方向、三ツ沢への道標に従い山頂を出る。しばらく丸太の階段状の道を下ると、上養沢の分岐となる。さらに登山道を下り、顎掛岩《あごかけいわ》や馬頭観世音を過ぎ、植林の斜面を下るとお堂のある滝本に出る。日の出町側からのハイキングコースの入り口であり、1・5キロほど林道を下ると三ツ沢集落で、武蔵五日市へのバス停がある。5分ほど北に歩くと日帰り温泉「つるつる温泉」がある。JR武蔵五日市駅行きバスはここから出る。

（日本山岳ガイド協会正会員　大蔵喜福）

日の出山

ガイドの目

コースは多いが、登りより下山に向いている。三室山を経由して日向和田駅へ、金比羅尾根から武蔵五日市駅へ、など多くはJRの駅に直接出る。

青梅線周辺には吉川英治記念館、玉堂美術館など見どころも多い。ケーブルカー利用は時間に余裕が生まれるので、周辺を周遊するのもよい。御岳山にはレンゲショウマが群生している。この花が終わると山は秋本番を迎える。

トイレは、ケーブルカー御岳山駅、御嶽神社前、日の出山頂直下にある。水はケーブルカー駅の売店などで購入可。

参考タイム

御岳山駅（20分）－日の出山分岐（往復15分）－御岳山御嶽神社、日の出山分岐（45分）－日の出山（1時間20分）－滝本（35分）－つるつる温泉

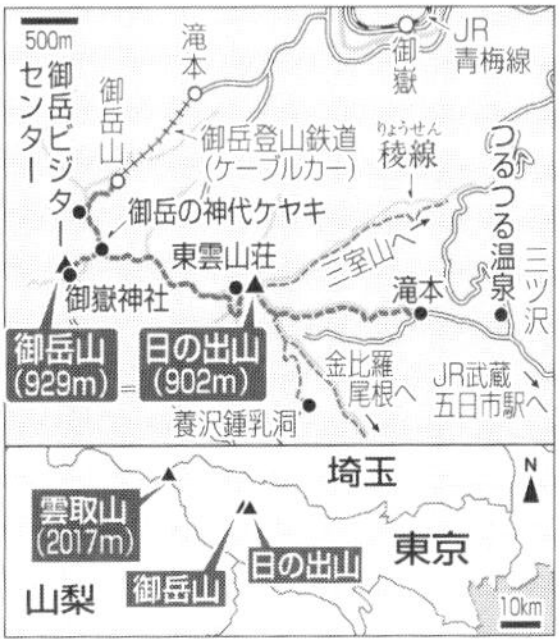

国土地理院2万5千分の1「武蔵御岳」

27

御前山

gozenyama

春の息吹、カタクリの山
四季の自然、都民に人気

東京・奥多摩町 檜原村

1405m

多摩川上流、都民に親しまれる奥多摩三山の中で大岳山《おおだけさん》、三頭山《みとうさん》に挟まれ、春の息吹を感じさせる山が、奥多摩湖畔にどっしりと横たわる御前山である。コースは多く、四季それぞれに自然美を楽しませてくれる。特に4月下旬から5月のカタクリの開花期は多くの人々が訪れる。

ここでは奥多摩湖から大ブナ尾根を登り、山頂から「奥多摩都民の森（体験の森）」経由で栃寄登山口に下山する周回コースを紹介する。

奥多摩駅から奥多摩湖へバスで15分。登山口は小河内ダムを渡った園地にあり、トイレや休息舎がある。尾根に向かって石段を上ると頂上広場に出る。湖面から正面に六ツ石山、鷹ノ巣山が望める。尾根はロープのある急登に変わり一気に200メートルほど稼ぐと、穏やかなヒノキの植林地となる。赤土の登路を滑らないよう登り詰めるとサス沢山（940メートル）に着く。雲取山方面を眺めて一息入れよう。

尾根はここから岩の露出した明るい道に変わり、ブナの大木が目立ってくる。滑りやすい急登を登り切ると惣岳山だ。右は小河内峠への道。しばらくして左に栃寄からの道を分ける。一帯はカタクリの群生地で、御前山までの20分ほどの稜線《りょうせん》は、富士山の展望と相まって圧倒的景観だ。頂上手前の見晴台からは雲取山、飛竜山、大菩薩嶺《だいぼさつれい》、三頭山、富士山と見渡せ、御前山頂へはひと登りで着く。

頂上からは、稜線を少し下り右に檜原への湯久保尾根を分けると、すぐ左手に栃寄への分岐となる変形十字路となり、トイレのある避難小屋が見える。水場もあるが飲用には不適とのこと。

さらにカタクリの咲く湧水の広場、カラマツの林を行き、カラマツの広場から急坂を下る。道標に導かれて行くとトチノキ広場に出る。休憩舎、トイレ完備だ。コンクリートの階段を下ると栃寄大滝に出て、広葉樹が美しい沢沿いの道を下る。周辺にはワサビ田が点在する。登山口からは車道となり、20分も行けば境橋バス停に着く。

（日本山岳ガイド協会正会員　大蔵喜福）

御前山

ガイドの目

大ブナ尾根と栃寄沢の登下山ルートには急傾斜がいくつかある。歩幅を靴のサイズ程度に狭くし、靴底を地面につけ、摩擦を最大限に生かすと滑りにくい。またロープに全体重をかけると危険だ。バランスを取るためだけに補助的に使うこと。

登山適季は春と、秋から初冬にかけて。春はカタクリ以外に奥多摩湖畔の桜やニリンソウ、秋は木々の黄葉や紅葉、山村の風情を楽しめる。

マイカー利用者には小河内ダム周辺に無料駐車場が数カ所ある。

参考タイム

奥多摩湖バス停（10分）－登山口（1時間10分）－サス沢山（1時間20分）－惣岳山（20分）－御前山（1時間）－トチノキ広場（50分）－栃寄登山口（20分）－境橋バス停

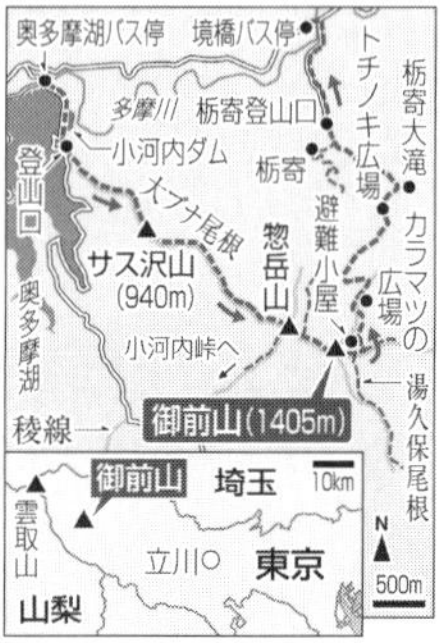

国土地理院2万5千分の1「奥多摩湖」

28

天上山

tenjosan

花の山、洋上のアルプス庭園
富士山の眺望も

東京・神津島村

572m

島の山へは船で向かいたい。潮の香りを胸に、山に臨む。船旅が普段とひと味違う山旅にいざなってくれる。

この山は、伊豆七島の神津島にある。東京の竹芝客船ターミナルから、ジェット船なら4時間足らずの船旅だ。登山口まで、宿泊先に頼めば車で送ってもらえるという。

登山ルートは二つ。今回は黒島《くろしま》コースを登り、白島《しろしま》コースを下りた。双方の登り口にはつえが備えられている。標高200メートル弱の地点から始まる黒島コースの登山口にはトイレがあるので、用を足してスタートしよう。

文字通りの急登である。低木の中をジグザグにぐんぐん高度を稼ぐ。厳しい登りだが、道はよく整備され、標高差で約30メートルごとに「1合目」「2合目」などの標識があるから、いい目安になるだろう。登るにつれ、足元には集落、太平洋、空港が広がり、海風が優しくほおをなでる。1時間もかからずに、10合目で山上台地に飛び出す。

ここからは山の楽園散歩だ。火口湖の千代池《せんだいいけ》は季節により水が干上がるが、池から樹林帯を20分ほど進むと道は砂礫《されき》地に入り、表砂漠、裏砂漠へ。灰白色の岩峰が周りを囲い、白砂の砂漠とツツジやツゲなどの緑のカーペットがコントラストを描く。緑の中に、淡いピンクから燃えるオレンジまでオオシマツツジの群落がアクセントを加える。標高600メートル弱の島の山なのに、まるで日本アルプスの天上庭園をさまよっているかのような錯覚を覚える。庭園の先に広がるのは太平洋だ。

神津島観光協会登録ガイドの前田正代《まえだまさしろ》さんによれば、5～6月のオオシマツツジの後はハコネコメツツジ、夏は伊豆諸島固有種のサクユリ、秋はキキョウやリンドウなどが咲くという。秋から冬には富士山から雪の南アルプスまで望めるそうだ。

裏砂漠展望地で噴煙上がる三宅島を望み、天空の丘で伊豆諸島北部の島々を眺める。大トリは天上山頂上。海と島と山、360度遮るもののない展望を楽しもう。ここから左側、不入ガ沢《はいらないがさわ》の崩落地に気をつけ、白島コースを下る。前浜集落まで1時間もかからない。

（共同通信編集委員　小沢剛）

天上山

ガイドの目

白島コースは6合目に車道が来ている。ただ、この道は島の北部を大きく迂回《うかい》しているので、帰路、車道に入ると時間をロスする。6合目より下はロープが張られた箇所が続く。注意したい。

山上台地は道が交錯している。岩に黄色いペンキでルートが示されているが、表砂漠、裏砂漠は霧に巻かれた際には注意深く歩こう。トイレは黒島口、白島口と山上の不動池にある。

海の味覚に恵まれ、温泉もある。つりや海水浴などファミリーで楽しめるだろう。

参考タイム

黒島口（50分）－黒島10合目（30分）－表砂漠（10分）－裏砂漠（20分）－不動池（5分）－天空の丘（10分）－天上山（50分）－前浜集落

国土地理院2万5千分の1「神津島」

29

大山

ooyama

神奈川
・
伊勢原市
秦野市
厚木市

1252m

美しい山容、歴史と信仰
相模湾望む人気の名山

丹沢山塊の東端に位置し、ピラミッド形の美しい山容が目立つ人気の山だ。古くから信仰の山でもあり、別名を「阿夫利山《あふりさん》」「雨降山《あふりさん》」と言われ、雨乞いの神として農民の信仰を集めた。江戸時代は庶民に大山《おおやま》参詣が大流行し、「大山詣り」は落語にも登場した。

山頂には巨大な岩石をご神体とした阿夫利神社の本社、中腹には阿夫利神社下社と8世紀半ばに開山したと伝えられる大山寺がある。歴史に思いをはせながら登ろう。

小田急線の伊勢原駅北口からバスで向かい、終点の大山ケーブルバス停から参道を進む。名物のコマや豆腐料理を扱う店が並び、15分ほどでケーブルカーの山麓駅。新型車両を導入し、家族連れに人気だ。一気に高度を稼げるので、阿夫利神社の下社駅までの利用も

「あり」だ。ケーブルカーを横目に、女坂の参道を上ると大山寺に出る。奈良の東大寺を開いた良弁僧正が開山した古刹《こさつ》で、不動明王と二童子像のご本尊は迫力がある。御開帳は毎月8、18、28日なので、この日に合わせて行くと良いだろう。女坂は大山寺から急な石段が続くので、帰路に使う手もある。

石段を詰めるとケーブルカーの終点でもある阿夫利神社下社。横浜のビル群や江の島が見える。本殿で参拝したら、地下から湧き出る名水をくんで出発しよう。

登拝門から急な石段を上る。辺りには杉の巨木がうっそうとして歴史を感じさせる。道には道程の丁名を記した石柱が立ち、山頂までの目安になる。16丁目で蓑毛からの道と合流し、展望を欠くが尾根筋の道となる。20丁目で富士見台に出る。晴れていれば富士山と丹沢の山々が一望できる。25丁目でヤビツ峠からの道と合流し、急坂を登り詰めると鳥居が現れる。ひと登りで28丁目の山頂だ。阿夫利神社の本社があり、陽光輝く相模湾などの眺望が素晴らしい。ベンチも多いので、ゆっくりと食事を楽しもう。

帰りは見晴台経由で下りる。階段状の下りで一気に高度を下げる。滑りやすいので雨上がりや冬の雪解け時には注意したい。見晴台からは阿夫利神社下社へ。さらに男坂を下るかケーブルカーを使う。

（日本山岳ガイド協会正会員　今村広二）

大山

ガイドの目

ケーブルカーもあり、比較的容易に登れて素晴らしい眺望が楽しめるため、小さな子を連れたファミリーからカップル、シニアと老若男女を問わず多くの登山客でにぎわう。登山道ではお互い譲り合い、休憩する際の場所の配慮、ごみの持ち帰りなど最低限のマナーは守りたい。

コースに難しい場所はない。冬は霜柱でぬかるみ、滑りやすいので、特に下りは注意が必要。降雪後は念のため軽アイゼン持参をお勧めする。下山後は豆腐料理に舌鼓を打つのもいい。

参考タイム

大山ケーブルバス停（15分）－大山ケーブル追分駅（20分）－大山寺（20分）－阿夫利神社下社（1時間15分）－富士見台（45分）－山頂（50分）－見晴台（20分）－阿夫利神社下社（30分）－大山ケーブルバス停

国土地理院2万5千分の1「大山」

30

明神ケ岳

myojingatake

神奈川・南足柄市
箱根町

1169m

絶景、雪の富士山
明るい冬枯れの山

明神ケ岳は箱根外輪山の一角にあり、明星ケ岳と結んだ尾根からの眺望は壮大。コースは道了尊《どうりょうそん》から登り、箱根側の宮城野へ下るのがポピュラーだ。明るい冬枯れの尾根からの富士山は絶景で、風さえ弱ければ、冬の柔らかな日差しを浴びて開放感ある山を楽しめる。

道了尊でバスを降りたら14世紀建立の古刹《こさつ》、大雄山最乗寺の杉並木の広い参道を進む。赤い大きな鉄製の和合下駄《わごうげた》の脇が標高300メートルの登山口だ。小さな橋を渡り、杉林の急なジグザグ道を登って右に曲がり緩やかな登りになると12体の石仏が迎えてくれる。しばらく単調な登りが続くが、送電線をくぐって林道を渡ると標高680メートルの見晴小屋に着く。

少し登ると防火線の草原の尾根道に変わり、視界も開ける。春夏には多くの花々が目を楽しませてくれるだろう。ススキの原が切れたあたりに神明水の水場がある。急坂を登り、草原の尾根から樹林帯を巻いて登り抜けるとクマザサ原に出る。外輪山の尾根筋に当たり、しばらく行くと右に頂上への道が延びる分岐。ひと登りで山頂だ。

頂上は裸地で360度の眺望は壮大。手前に金時山を従えて、冬は雪の富士山。丹沢、箱根、伊豆の山並みから大島、さらに小田原の町並みや横浜、三浦半島や房総半島までパノラマが素晴らしい。

帰路は明星ケ岳方向へ、開けた稜線《りょうせん》をたどる。無線中継所を過ぎて急な下りで鞍部に出る。天候次第では、右の宮城野への近道を取ろう。約1時間で集落へ出る。急な下りで、しっかりした靴底のシューズで降りたい。

余裕があれば、そのまま緩やかな起伏の草尾根を明星ケ岳へ向かってもよい。山頂は石碑がなければわかりにくく、眺望はないが、尾根の先に明るい相模湾が広がる。宮城野へは山頂からわずかに戻った分岐から左に降りる。途中右手に、大文字焼の「大」の字の切り開かれた山肌を通り、急な低木帯を下って林道に出れば宮城野はすぐだ。

時間があれば箱根登山電車の強羅駅まで20分ほど歩き、温泉を楽しむのもいい。

（日本山岳ガイド協会正会員　大蔵喜福）

明神ケ岳

ガイドの目

なだらかで明るい草原状の尾根道は状態も良く歩きやすい。ただ、冬は霜柱でぬかるみができ、滑りやすいので、明星ケ岳からの下りの急坂は特に注意が必要だ。

また冬場の強風の際は、小学校低学年程度の子供連れで歩くのは避けた方がいい。

水は神明水にある。その上にも水場はあるが、涸《か》れることがあり、ここで水を補充することを勧めたい。トイレは道了尊ですませておく。

参考タイム

道了尊登山口（50分）－見晴小屋（30分）－神明水（1時間）－明神ケ岳（45分）－鞍部（1時間）－宮城野。明星ケ岳経由では約2時間で宮城野。道了尊までは伊豆箱根鉄道大雄山線大雄山駅からバス。宮城野から小田原へもバス。

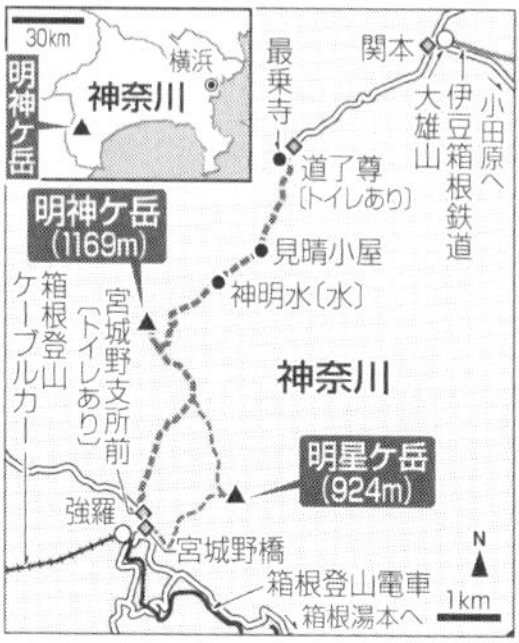

国土地理院2万5千分の1「関本」「箱根」

31

金北山

kinpokusan

歴史の島の最高峰
縦走路彩る花々

新潟・佐渡市

1172m

佐渡《さど》おけさが流れる中、船は両津港に滑り込んだ。新潟からジェット船で1時間ほど。旅情を感じる間もない。日本海の佐渡は、順徳上皇が流され、江戸時代は金山で栄えた歴史の島。金北山はその最高峰である。

今回は大佐渡山脈を縦走して目指す山に向かう。ベースはドンデン山荘。標高約900メートルに立つ清潔な宿だ。満天の星の夜には新潟市の明かりを望み、日の出時には鳥海山、月山、飯豊連峰、弥彦山《やひこやま》など東北から新潟の名峰が一望できる。

ドンデン山荘と金北山との標高差は300メートルもない。だが、高低差50メートルから150メートル程度の細かいアップダウンが続き、数字以上の厳しさを覚悟して歩きだそう。最初の関門はマトネ（938メートル）への登りだ。トイレが設置された登山道入り口から標高約770メートルの鞍部（アオネバ十字路）まで緩く下り、登り返す。樹林帯の急登でひと汗かくだろう。同行してもらった佐渡山歩《さんぽ》ガイドクラブの塚本《つかもと》理一郎《りいちろう》さんによると、マトネへの登りでへばる人は、縦走の断念を勧めることもあるという。金北山までの登りの合計標高差は約900メートルに達するそうで、甘く見ない方がいい。

マトネで海風に当たれば、汗も引く。ここで道を左折。石花越分岐、真砂《まさご》の峰、イモリのコル、天狗《てんぐ》の休場など上り下りを繰り返す。進行方向右手は砂や小石交じりのザレ場が多く、樹木は根から曲がる。冬の季節風の強さ、積雪の重量が実感できる。

天狗の休場から役《えん》の行者《ぎょうじゃ》まで樹林帯を登り、鏡池、あやめ池を過ぎると、6月でも山陰に雪田が現れる。傍らにカタクリが小ぶりな花を咲かせ、薄紫のシラネアオイ、白いタムシバが青空に映える。縦走路はレンゲツツジ、タニウツギ、オオイワカガミ、ニリンソウなど華やかに、ひそやかに咲く花に彩られる。

急坂を登り切ると金北山頂だ。両津湾、真野湾や中央部の国中平野、日本海を隔てて新潟方面が一望である。だが、米軍が建設したレーダーサイトの廃屋が何とも興ざめ。山頂から一般車両進入禁止の防衛省管理道路を白雲台まで歩き、タクシーで下山する。

（共同通信編集委員　小沢剛）

金北山

ガイドの目

ファミリーでも健脚向きだが、小学校高学年以上なら大丈夫だろう。

花の季節は5月だが、初夏はシャクナゲが咲き、秋はブナの黄葉もある。真夏なら島の周囲は透明度の高い日本海だし、海の幸にも恵まれる。家族で海と山を楽しめる。

いただけないのは、山頂の廃屋と防衛省管理道路だ。自衛隊レーダーは手前の峰へ移っており、自治体は道路の開放を訴えたらどうか。山頂から白雲台まで約4キロも車道を歩くのでは登山者は不満を募らせるだろう。その上、歩行だけなのに事前申請が必要なのだ。

参考タイム

ドンデン山荘（30分）ーアオネバ十字路（50分）ーマトネ（20分）ー石花越分岐（1時間）ー真砂の峰（50分）ー天狗の休場（30分）ー役の行者（40分）ー山頂（1時間）ー白雲台

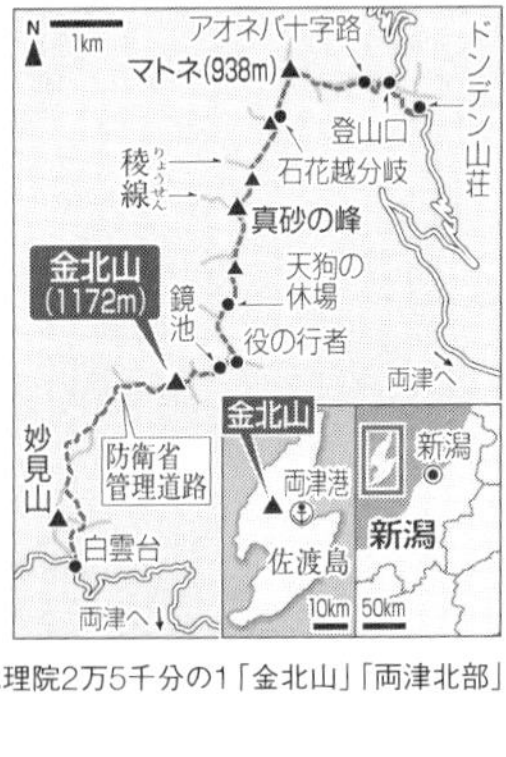

国土地理院2万5千分の1「金北山」「両津北部」「相川」

32

二王子岳

ninojidake

新潟・新発田市
胎内市

1420m

重厚な越後の山
飯豊、黄金の平野遠望

奥深い飯豊《いいで》連峰の前衛峰で、越後平野北部から直接そびえたつ山々の最高峰。新潟市や新発田市を中心とする登山者には五頭山《ごずさん》などと並び人気がある。登山口からの標高差は約1100メートルあり、重厚な越後（新潟）の山並みの一角を占める山らしく、どちらかといえば健脚向きだ。古くから「二王子様」と呼ばれ、信仰の対象となっていたが、昭和初期からはスキー登山も行われるようになった。

登山シーズンは5月から11月。地元の新発田市では、毎年5月の最終日曜日を山開きと定めて、安全祈願祭が行われる。

登山口の二王子神社へは、新発田市の南俣集落から、南俣沢に沿って舗装された林道を約3キロ。堂々とした社殿と、キャンプ場、水洗トイレ、広い駐車場がある。登山道途中にトイレはないので、出発前にここで済ませておこう。水場は、2合目の少し上、3合目避難小屋付近と頂上手前、三王子下にある。

二王子神社から杉林の山腹を登り始める。徐々に傾斜が増し、約1時間で尾根上の3合目に到着する。避難小屋と道を少し外れた場所に一王子の祠《ほこら》がある。

ブナ林となった尾根伝いの登山道は少し傾斜が落ちるが、まだ急な登りは続く。三角点のある定高山（994メートル）を過ぎ、細かいアップダウンを何度か繰り返す。6合目付近からは低木となり視界が開け、頂上部分が見えるようになる。油コボシと呼ばれる少し急な岩場を過ぎるころから、植生はクマザサに変わり高山の雰囲気が出てくる。

三王子の祠を過ぎると、緩やかな尾根となり、初夏にはニッコウキスゲの群生が見られる。頂上は間近。その手前には20人を収容できる赤いカマボコ形のしっかりした避難小屋がある。山頂は広く、東側は開けて展望が良く、どっしりした飯豊連峰の全容が見渡せる。黄金に色づく秋の越後平野や日本海、佐渡など西側の眺望は登山途中に楽しもう。

なお、国土地理院発行の地形図には胎内第一ダムから黒石山を経由する登山道が記されているが、手入れがされていないため、現在はほぼ廃道となっている。

（日本山岳ガイド協会正会員　早川晃生）

二王子岳

ガイドの目

豪雪地帯の越後の山々は初夏まで残雪があり、登山道が雪で寸断されていることが珍しくない。山開き直後の二王子岳は、3合目付近から残雪が現れる。道に迷ったと気づいたら、いったん正しいコースに戻り、地図とコンパスでコースを確認すること。日頃から地図や地形を「読む」練習をしてほしい。

二王子神社までは、マイカーかJR新発田駅からタクシーが一般的。新発田駅から川東コミュニティバスが南俣まで出ているが、生活路線のため平日のみだ。新発田市近くに「あやめの湯」や五頭山麓に温泉がある。

参考タイム

二王子神社（1時間）－一王子（1時間）－定高山（2時間）－二王子岳（2時間半）－二王子神社

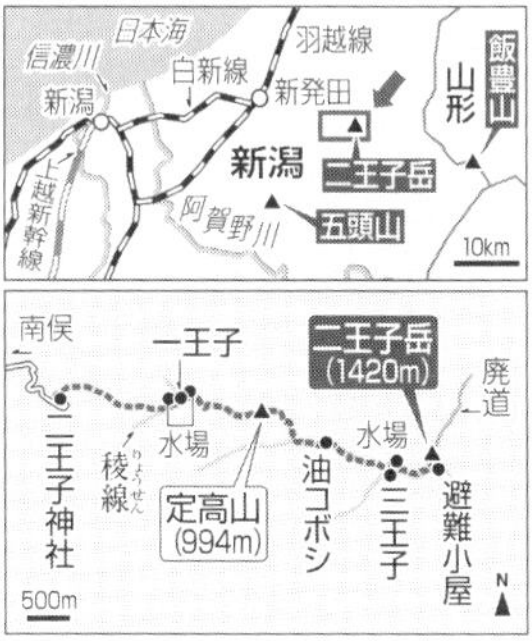

国土地理院2万5千分の1「上赤谷」「二王子岳」

33

守門岳

sumondake

豊富な残雪、優美な山容
米どころの農耕潤す名山

新潟・魚沼市
三条市
長岡市

1537m

新潟県（越後）は、山の国でもある。多くの名山は県境に位置する。そんな中、守門岳は県中部にあって四方から優美な姿を望むことができる。山頂部は大岳、青雲岳《あおくもだけ》、最高峰の袴岳《はかまだけ》に分かれ、山麓の人々の信仰も厚い。遅くまで残る豊富な雪が米どころの農耕を潤している。この山は近年、北西の栃尾側から入る保久礼《ほっきょれ》コース、魚沼側二分からの二口コース、JR只見線大白川駅方面からのルートがよく歩かれている。公共交通機関に恵まれないが、車やタクシーを利用し、往復6時間程度の行程で、山麓から日帰り可能。帰途に山麓の温泉や越後の味覚を訪ねると良い。

今回は、保久礼登山口からの往復コースを紹介する。昔は、長岡から栃尾を経由して、はるばる2日がかりの登山だったが、今では、刈谷田川ダムの脇を舗装路が保久礼小屋手前まで延びる。30台程度の駐車場から5分で保久礼小屋。沢水が豊富でトイレもある。

階段状に整備された登山道を30分登ると、キビタキの水場に出る。直登する道とキビタキ避難小屋を経由する道に分かれる。辺りは美しいブナ林で、多くは雪の重みで曲がっている。ひたすら真っすぐ稜線《りょうせん》へと達する登山道は、ブナ林からやがてクマザサの斜面を縫う。途中、二つの展望箇所からは、初夏なら稲の育つ緑の越後平野、青い日本海や佐渡が見えるだろう。1時間程度で不動平。残雪のころは水場がある。ここから約20分頑張ると大岳山頂（1432メートル）だ。

大岳から袴岳への稜線の北や東側は残雪が豊かだ。大岳からは標高差で100メートル以上下る。登山道は整備されているが、初夏までは稜線上に残る雪の上を歩くことがある。慣れない人は気を付けよう。鞍部まで約20分、登り返して20分ほどで二口コースと合流し、草原状に開けた青雲岳山頂まで、さらに20分。残雪期にはこの辺りにカタクリが群生している。袴岳山頂へは約15分で達する。

頂上は360度の大展望が得られる。目の前には浅草岳。越後三山、飯豊《いいで》連峰から会津地方の山々。帰路は大岳の登り返しで疲れるが、往路を慎重に戻る。

（日本山岳ガイド協会理事長　磯野剛太）

守門岳

ガイドの目

良い山の宝庫の新潟で、守門岳は比較的登り易い山だ。山スキーの適地でもある。だが越後の山らしく稜線は冬の風雪に削られ、身を隠す場所が少ない。風雨の際は、特に慎重な行動が必要だ。田中澄江さんの「花の百名山」には選ばれていないが、花が豊富な山でもある。初夏にかけて、山ツツジ、イワカガミ、キスゲ、コバイケイソウ、ゴゼンタチバナなどが楽しめる。

日程にゆとりがあれば、大白川を拠点に浅草岳に登るのも良い。温泉もあり、米どころ、酒どころに山菜、キノコ、川魚と地元の味覚も豊富にそろう。

参考タイム

保久礼登山口（2時間）－大岳（1時間15分）－袴岳（1時間5分）－大岳（1時間20分）－保久礼登山口

国土地理院2万5千分の1「守門岳」「穴沢」

34

中山

nakayama

新雪の剣岳、感動の展望
新緑、紅葉、立山杉が魅力

富山・上市町

1255m

奥大日岳からクズバ山など北西方向に延びる尾根の末端にある。新雪や残雪をまとった剣岳《つるぎだけ》の展望が素晴しい。アクセスは、富山地方鉄道で上市駅まで来て、その後タクシーを利用。またはマイカーで上市経由で登山口へ。10台程度駐車可能だ。

ベースの馬場島《ばんばじま》は、早月尾根経由で剣岳に挑む際の根拠地だ。中山は馬場島手前、山腹に導水管が見える山である。馬場島橋手前右、前方に剣岳を見上げ、「中山遊歩道ルートマップ」の看板の横、階段の道から登山は始まる。

このコースの魅力、巨大な立山杉《たてやますぎ》を見て、しばらく急登。5分くらいで緩やかになるが、目の前に大きな斜面が立ちはだかる。道は斜面にジグザグに歩きやすくつけられている。

立山杉やブナなどに導かれどんどん高度を上げる。新緑、紅葉ともに美しい森の中の道だ。左手に広々としたブナグラ谷が見えると1100メートル付近で、草が刈り払われた格好の休憩場に出る。剣岳と北方稜線《ほっぽうりょうせん》が見える。少し登ると、このコース唯一の標識「標高1100m(頂上まで30分)」の小さな看板がある。

尾根に出ると、立山杉の巨木が迎えてくれる。「五本杉ノ平」と呼ばれる所だ。右前方、木々の間に大日岳が顔を見せる。小さなアップダウンを繰り返し、中山山頂へ。

剣岳の迫力ある景色に目を奪われる。東は早月尾根と剣岳を中心に、前剣から剣岳・北方稜線、池平山と続く岩稜。その横に、どっしりとした赤谷山、猫又山。大窓や広々としたブナグラ谷も目を引きつける。クズバ山の右には大日岳。西には早月川と富山湾が望める。時間がたつのも忘れる感動の展望だ。

下山は周遊コースの東小糸谷を下る。山頂から南東クズバ山方向へ向かう。ブナと杉林の中、鞍部《あんぶ》まで一気に下る。鞍部からクズバ山方向の道を見送り、東の東小糸谷へ。ブナとトチノキが目立つ。沢音が聞こえ、東小糸谷に沿った道に。小さな橋で沢を3度渡る。やがて、立山川沿いの林道に出る。馬場島の建物が見え、後は車道を進む。剣岳登山口を過ぎ、中山登山口へ。

(日本山岳ガイド協会正会員　黒川正博)

中山

ガイドの目

登山道は整備されているが、山頂から東小糸谷への道は少し歩きづらい。山頂までの上りが厳しかった人は往路を下ることを勧める。標識が少ないので地図と高度計などで位置の確認をしてほしい。距離は短いが急峻な山なので下りは注意を。なお、クズバ山への道は整備がされていない。

登山は残雪の消えた6月以降から雪が降るまで。特に秋、新雪の剣岳と山麓の紅葉のコントラストが素晴しい。

下山後の楽しみには、アルプスの湯、ゆのみこ温泉などがある。

参考タイム

中山登山口（1時間40分）－1100メートル標識（30分）－山頂（15分）－鞍部（40分）－林道合流（20分）－馬場島（10分）－中山登山口

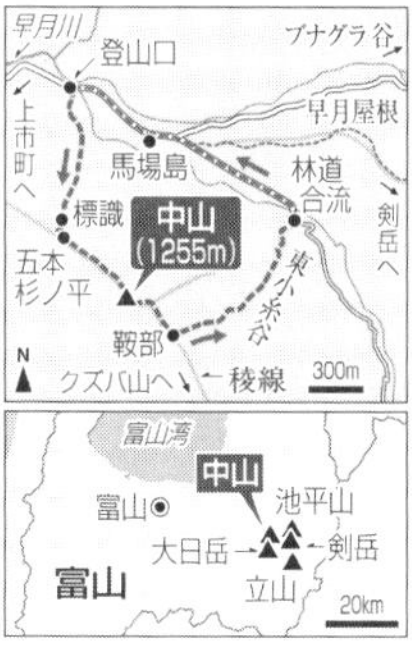

国土地理院2万5千分の1「剣岳」

35

尖山

togariyama

立山・剣の大展望台
四季楽しい「とんがりやま」

富山・立山町

559m

富山平野から立山《たてやま》方面に向かい、最初に現れる特徴的な形状の山だ。江戸時代の立山信仰の拠点で、優秀な立山案内人のふるさと、芦峅寺《あしくらじ》の手前にそびえ、剣岳《つるぎだけ》・立山の絶好の展望台である。山頂に三角点が置かれた当時は「布ケ岳《ぬのがたけ》」と命名されていた。その後「布《ぬの》倉岳《くらだけ》」を経て、現在の山名になった。四季を通じて気軽に登ることができ、昔から親しみをこめて「とんがりやま」と呼ばれている。どこから見ても同じ三角形で、頂上はスパッと切ったように平らになっていて、円すい形の形状からピラミッド跡であるとか、UFOの基地であるとか、夢いっぱいの説もある。山頂では山岳信仰に伴う祭儀跡も発見されて、それ故、最近ではパワースポットとしても取り上げられている。

富山地方鉄道立山線の横江駅から横江集落に向かう。立山町のゆるキャラ「らいじぃ」の案内板が、無人駅である横江駅と横江集落の入り口にあり、マイカーならここが駐車場となるだろう。集落を抜け、林道を進むと「とんがり山２km」の分岐点の標識に出合う。分岐から尖山に向かって歩き始めると、円すい形の山がますます近くに見えてくる。林道の終点にある小さな「登山帳小屋」が実質的な登山道の始まりの目印だ。

杉林の中を沢に沿って緩やかに登る。小さな滑滝を過ぎて沢を渡ると、やがて杉林が少し開けて明るくなる。道は左に折れて、いよいよ尖山本体の登りが始まる。

登山道は西斜面を巻くように登り、それにつれて眼下に常願寺川が広がる。最後は北面から階段を上りつめて山頂へ。

尖山は、水平の台地で、山頂からの展望は３６０度見渡す限り。大日岳（２５０１メートル）が良く見え、北へ剣岳（２９９９メートル）、毛《け》勝《かち》三山と続き、南は立山（最高点３０１５メートル）から竜王岳（２８７２メートル）へ。手前には弥陀ケ原と鍬崎山《くわさきやま》（２０９０メートル）。振り返れば常願寺川扇状地もよく見え、空気が澄んだ日には富山湾や能登半島を望む。春、立山連峰に雪が残る頃や、秋、初雪の頃には頂上にある展望図と照らし合わせると、さらに立山の峰々の展望を楽しめるだろう。

（立山ガイド協会正会員　佐伯岩雄）

尖山

ガイドの目

年間を通して登ることができる。だが、積雪期は単独、初心者だけの登山は避けること。下りでルートを外すと取り返しがつかない場合もある。標高が低いため、夏場は早朝に登るのがお勧め。

夏椿峠のルートもあるがこちらは急登になるため、子ども連れや初心者には通常のルートをお勧めする。

ルート上には小屋やトイレはない。手前のドライブイン「あるぺん村」などで済ませてから入山することをお勧めする。

参考タイム

横江駅（40分）－登山口（1時間）－山頂（1時間30分）－横江駅

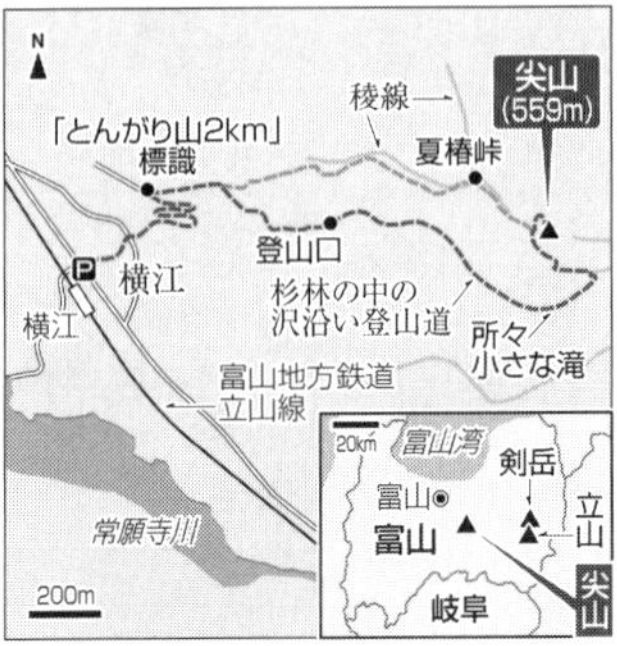

国土地理院2万5千分の1「千垣」

36

医王山

iozen

金沢市民が親しむ山
北陸新幹線から見える

石川・金沢市

富山・南砺市 奥医王山

939m

医王山は白兀山《しらはげやま》（896メートル）と奥医王山などの総称である。1等三角点のある奥医王山が最高峰だが、金沢市民にとって医王山と言えば長く白兀山を指した。開山は白山の祖、泰澄《たいちょう》大師。山に薬草が多いことから医王山と命名されたと言われている。

北陸新幹線が金沢駅に着く3分ほど前に、進行方向左奥に医王山が見える。市内各所からも眺められ、市民の山として親しまれている。アクセスはバス利用とマイカー利用がある。近年は山腹を巻く林道に車で入り、要所にある駐車場から登る人も多い。そのせいか、歴史を感じさせる登山道だが、西尾平辺りまで荒れ気味だ。

今回は見上峠からのコースを紹介する。登山口まで、金沢駅から医王山スポーツセンター行きのバスで小一時間。終点から車道を5分で見上峠。そこから登山道が始まる。自然林と杉の植林の中を歩く。医王の里で林道と接する。杉がなくなり、1体のお地蔵さんが現れると西尾平で、再び林道と接する。避難小屋、トイレ、15台ほど駐車可能なスペースがある。西尾平から右、白山が頭をのぞかせる。緩やかな上りが続き、再びお地蔵さん。前方の木に「前山724メートル」の標識がある。

前山から少し下ると、しがらくび。また林道に接する。ここから白兀山へは急な上りだ。木々の背丈が低くなり、足元が板状の割れた岩に変わって大池平への分岐を過ぎると、展望が開けた岩場の小兀。白兀山はあと一息だ。山頂にはお地蔵さん、ベンチ、展望台がある。能登半島や砺波平野。その背後に剣岳、立山、薬師岳。目前に奥医王山、奥に白山、西に金沢市街と日本海が望める。

奥医王山へは、山頂から一度下る。登り返すと右側が開けたガレ場に出る。ブナ林から下ると、林道に出て白兀平ヒュッテを過ぎ、富山県側がスキー場の夕霧峠だ。標高約840メートルで、奥医王山は近い。整備された階段を上り、竜神池を過ぎて、しばらく進むと奥医王山の頂上に着く。展望台、ケルン、ベンチなどがある。

下りは足場に注意し、往路を戻る。見上峠からの往復は、初心者にはやや長丁場か。

（日本山岳ガイド協会正会員　黒川正博）

医王山

ガイドの目

登山道と標識は整備されているが、分岐が多いので間違えないように。車で林道を利用すると短時間で登ることができる。ただ、駐車場が狭い。林道の登山口には医王の里、西尾平、しがらくび、夕霧峠がある。

下山後に金沢の奥座敷、湯涌温泉はいかがか。総湯白鷺の湯に隣接して美人画の竹久夢二の作品が展示されている「金沢湯涌夢二館」がある。

北陸新幹線の開通でアクセスが便利になった。白山登山に加えて、魚のおいしい季節には楽しい山旅になるだろう。

参考タイム

医王山スポーツセンター（1時間10分）ー西尾平（25分）ーしがらくび（30分）ー白兀山（30分）ー夕霧峠（40分）ー奥医王山（30分）ー夕霧峠（30分）ー白兀山（20分）ーしがらくび（20分）ー西尾平（40分）ー医王山スポーツセンター

国土地理院2万5千分の1「福光」

37

大嵐山

ooarashiyama

黄葉のブナ林と白山遠望
静かな山歩きを楽しめる

石川・白山市

1204m

白山の眺望に恵まれ、晩秋にはブナ林の黄葉の中、静かな山歩きが楽しめる。ミズバショウの群落地として知られ、恐竜や動植物の化石が多数見つかり、国の天然記念物に指定された「桑島化石壁」もあって、恐竜の里としても有名だ。

林道を使うため、マイカー利用をお勧めする。金沢方面から白峰へ、国道157号を走り、桑島集落の桑島大橋を渡り左折。次の標識を右折し、百合谷《びゃっこだに》林道に入る。林道は舗装されており、桑島大橋から20分ほどで標高約880メートルの駐車場に到着する。約50台は駐車できる。案内看板、沢水を引いた水場、トイレ、あずまやがある。

この駐車場の水場横から登山が始まる。山頂までの標高差は320メートル余り、距離は約１・３キロだ。百合谷峠まで登山道の左右の木々には名札がつけられており、ミズナラ、ウワミズザクラ、コシアブラ、リョウブ、ホオノキ、ブナ、スギ等が見られる。ミズナラ、ブナの黄葉の中、緩やかな上りを20分ほどで峠へ。大嵐山へは右へ。真っすぐ行けばミズバショウ群落地の水芭蕉園。左は展望コースだ。峠を右折すると、道幅が狭いやせ尾根を進む。木々の間、左前方に大嵐山、その左には遠く白山の大汝峰《おおなんじがみね》（２６８４メートル）が望める。やがて、標高１０１７メートルの肩に出て、広々とした百合谷ブナ林になる。若いブナの林だが、古木も交ざり、美しい場所だ。一息入れたい。

　ブナ林を少し上ると、左下後方に手取川ダムが見える。左手にブナの大木が現れると、山頂への最後の急登。傾斜が緩くなり、スギが多くなると山頂だ。大嵐山の標識もある。三角点はなく、スギとシャクナゲで覆われ、頂上らしい広場もない。

　ただ、白山の方向が切り開かれており、正面に鳴谷山、その後方に白山の峰々が一望できる。右端に御前峰《ごぜんがみね》（２７０２メートル）、その左へ大汝峰、四塚山、天池などが連なる。この山並みが尾添《おぞう》尾根で、古い白山登山道、加賀禅定道《ぜんじょうどう》が刻まれている。

　下りは百合谷峠まで戻り、展望コースへ。美しいブナ林と緑鮮やかなヒメコマツの林が、この山を思い出深いものにするだろう。

（日本山岳ガイド協会正会員　黒川正博）

大嵐山

ガイドの目

登山道に危険な箇所はないが、山頂からの下りが急なので足元に注意。体力に自信がない方は、百合谷峠から直接駐車場に下山すれば良い。

この山はミズバショウの季節にぜひ訪れたい。ゴールデンウイークが見頃だ。子ども連れなら白山恐竜パーク白峰も。

林道は積雪期通行止めになる。12月に入ったら状況を確認してほしい。

名物に固豆腐と、とちもちがある。食べてよし、お土産にもよし。

温泉は麓にホテル八鵬があり、白峰には白峰温泉総湯、白山を望む白山天望の湯がある。

参考タイム

駐車場（20分）―百合谷峠（15分）―百合谷ブナ林（40分）―大嵐山（40分）―百合谷峠（15分）―駐車場、百合谷峠から展望コース（50分）―駐車場

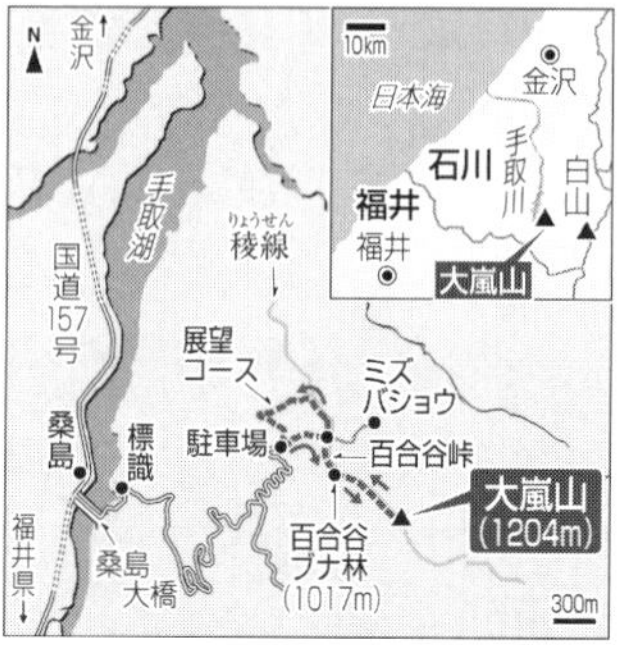

国土地理院2万5千分の1「白峰」

38

法恩寺山

houonjisan

堂々たる白山の展望台
黄葉の静かな山歩き

福井・勝山市

1357m

平泉寺白山神社（平泉寺）を起点とする白山登拝道の一つ、越前《えちぜん》禅定道《ぜんじょうどう》にあり、福井県側から白山を一望する最初の山である。山名の由来は白山の開祖・泰澄《たいちょう》大師が最初の白山登拝の際、山頂直下に建立した法音教寺にちなんでつけられた。平泉寺も大師が建立し、かつては大変な隆盛を誇った。現在も信仰、観光でにぎわう。

国の名勝の境内は、緑の苔《こけ》のじゅうたんで覆われ、静寂で厳かである。

今回は、林道を利用し、マイカーで中腹まで向かい、登り始める。

勝山市から石川県の白峰へ至る国道からスキージャム勝山へ行く法恩寺山有料道路に入る。スキー場の端を上り、別尾根のゲレンデ下を回り込んだ先の分岐を左へ。山麓の平泉寺からの登山道を横切ると、左手林に立派な中ノ平避難小屋が見える。トイレ、ストーブが完備され、小屋の前には沢水を引いた水場もある。避難小屋から程なく林道終点。8台くらい駐車可能で脇には沢が流れている。

標高約1030メートルの駐車場奥から登山が始まる。山頂まで標高差320メートル余り、距離は約1・2キロだ。水平に道を進むと、すぐに避難小屋からの道に合流。杉林を階段状の道が続く。ブナやダケカンバが見られ、秋には静かな黄葉の中を歩ける。

階段の間に石が敷かれた道は、やがて滑りやすい板敷きに。そして、再度石が敷かれた道。傾斜が緩くなり、空が開けてくると、スキー場と接する。斜面に出ると、勝山の市街地が望める。ここまでは整備された道だが、この先は、少し荒れている。周囲の木が低くなると、もう一頑張り。平坦になり、小さな祠《ほこら》のある法音教寺跡に出る。

山頂まではもう一息。山頂は広々としており、東側の展望が開けて、白山が一望できる。主峰の御前峰《ごぜんがみね》（2702メートル）・大汝峰《おおなんじがみね》（2684メートル）を中心に左は加賀禅定道の尾根、右は別山《べっさん》（2399メートル）を経て美濃禅定道の尾根が連なる。堂々たる山並みである。手前は加越国境の山々。山頂の草地に腰を据え、この大展望を眺めていると時間がたつのを忘れる。下りは往路を戻る。

（日本山岳ガイド協会正会員　黒川正博）

法恩寺山

ガイドの目

山頂までの距離は短いが、車を降りて程なく上りになる。足元が悪いので、急がずゆっくりしたペースで進もう。下りはスリップに注意。

トイレは中ノ平避難小屋に。水場は避難小屋と駐車場にあるが、沢水で季節によってはかれる。

山麓の平泉寺から登ると中ノ平避難小屋まで約2時間半必要で、ファミリーには勧められない。

下山後は、平泉寺に寄りたい。温泉は道路沿いにスキージャム勝山・温泉大浴場ささゆりと勝山温泉センター水芭蕉がある。子ども連れなら福井県立恐竜博物館も。

参考タイム

スキージャム勝山（車20分）ー林道終点駐車場（1時間10分）ー法恩寺山（1時間）ー林道終点駐車場

国土地理院2万5千分の1「越前勝山」

39

西方が岳

saihogatake

海を見下ろすブナの山
敦賀半島の最高峰

福井・敦賀市
美浜町

764m

海を見下ろすブナ林の山だ。若狭湾に突き出た敦賀半島の最高峰である。決して高いわけではないが、海岸沿いの常宮《じょうぐう》神社を起点として歴史とブナの天然林、花こう岩の巨石が楽しめる。

常宮神社には、新羅時代の作とされ、豊臣秀吉の朝鮮の役で持ち帰ったとされる国宝「朝鮮鐘」が奉納されている。一帯は花こう岩質らしく、境内の朱塗り橋に流れる水は清らかだ。境内を出て右手にある民家の間を道なりに進む。送電鉄塔のために刈り払われた一角を過ぎると眺望抜群の「奥の院展望所」。ここからは敦賀湾を挟み、福井県嶺北の山並みを一望できる。落葉樹のコナラや常緑樹のソヨゴなどが生える山道には風化による花こう岩の砂や巨岩、石英の白い塊などが点在する。

道がなだらかに山腹を行くようになると「銀命水」に出る。巨岩の重なりがつくる穴からは、水が奏でる涼やかな音が漏れ、まるで水琴窟、と聞き入ってしまうだろう。登山道が尾根上に変わり、標高500メートルを超えるとブナが目につきだす。海を背景にした天然ブナ林の始まりだ。穏やかな登山道脇の樹木は比較的細身が多いが、中にはまるで千手観音のように大小の枝を突き上げたブナを見ることができる。

新緑前、樹間から海を見ながら歩くのも良いが、透き通る緑のシャワーや早春の花を探しながらの山歩きも雪国の山にふさわしい。ブナが減り、空が広く見えだしたら山頂は近い。頂上は広く、近くに水色の三角屋根がかわいい避難小屋がある。広場の右手20メートルほど先には、敦賀湾と白山の眺望が楽しめる展望所がある。ぜひ立ち寄りたい。

避難小屋の左を進めば、北へ向かう縦走路だ。頂上からは来た道を引き返す。土質は花こう岩が主だが、登山道は部分的に粘土質で滑りやすい。また眺望抜群の巨岩の上は容易に立つことができるが、手すりなどは無いので注意したい。

帰途、敦賀市内に戻り、気比の松原に立ち寄ってみよう。敦賀湾のなぎさを歩き、この山を眺めれば良い山旅の締めくくりとなる。


（日本山岳ガイド協会正会員　加藤智二）

西方が岳

ガイドの目

敦賀駅から市のコミュニティーバスが1日3往復運行されている。市内に宿泊すれば、行程に余裕を持てるだろう。

登山では、コースの標高差を頭に入れよう。標高差300メートルに1時間かける程度なら楽しく歩けるだろう。ただ、このスピードはメンバーの体調や体力、天候によって一定ではない。

今回のような頂上への往復行程では、引き返し時間をあらかじめ取り決めておくとよい。

参考タイム

常宮神社（30分）ー奥の院展望所（30分）ー銀命水（1時間30分）ー頂上（1時間）ー銀命水（15分）ー奥の院展望所（15分）ー常宮神社

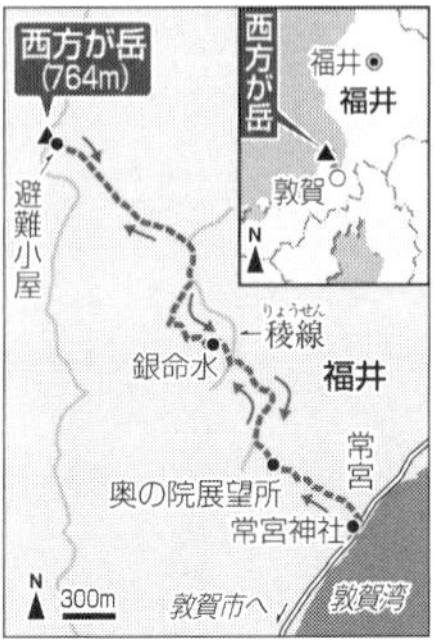

国土地理院2万5千分の1「杉津」

40

日向山

hinatayama

山梨・北杜市

1660m

白砂と紅葉のコントラスト 南アルプス前衛の山

南アルプスの前衛に当たり、山頂部の白く輝く砂礫《されき》部が特徴として知られる山だ。その姿は、麓からは目立たないが、JR中央線の小淵沢駅付近からは、甲斐駒ケ岳の手前にシルエットを重ねてぽっかりと白く大きな斜面を露出させており、それと分かる。

登山コースは、矢立石口から山頂を目指すルートと錦滝経由があるが、前者が一般的。後者は通行制限があり、安易に入ってはいけない。

矢立石登山口まではマイカー利用が便利だが、JR長坂駅からタクシーを使ってもよい。登山口手前に10台ほどの駐車スペースがあり、その先も数台駐車可能。満車の場合は、竹《ちく》宇《う》駒ケ岳神社手前の甲斐駒ケ岳登山口にもなる尾白川渓谷の駐車場に車を置き、標識に従って登山道を約1時間で矢立石口だ。
　標高1100メートルを少し超した辺りにある矢立石登山口から標識に従い山に入る。広葉樹林帯の中を緩やかに登っていくと、ほどなくコース名称の由来ともなった矢立石を左に見る。尾根に沿って淡々と登っていく。樹林帯のため展望は得られないが、木漏れ日が明るく、気持ちが良い。40分ほどで小さな平たん地が現れる。休憩適地だ。右手、木の間から八ケ岳連峰が眺められる。この辺りから低いササが現れ始め、樹相もカラマツに変わっていく。尾根は傾斜を増し、所々に木の階段も出てきて息が弾むが、長くは続かない。やがて傾斜が緩むと、道は緩い下りに転じ、最低鞍部《あんぶ》には雨量観測計が設置されている。再び緩く登り返すと、もう頂上の一角。右に三角点を示す標識がある。登山道沿いに歩を進めることしばしで、木々の合間から空が見えたと思うと、突然、樹林を抜け出し、眼前に白ザレ（白い砂礫地）の山頂風景が広がる。これが麓から見えていた白ザレの斜面であり、付近一帯は雁ケ原《がんがはら》と呼ばれている。秋には砂地の白と紅葉とのコントラストが美しい。山頂は北側の眺望が開け、眼下には小淵沢辺りの家並みと雲海に浮かぶ八ケ岳が視界に飛び込む。反対側には甲斐駒ケ岳も顔をのぞかせる。展望を楽しみながら休もう。下山は往路を戻る。

（日本山岳ガイド協会正会員　下瀬雅史）

日向山

ガイドの目

錦滝経由のルートは急傾斜で足元も悪く、途中に鉄階段やロープ、くさり場もあり危険。山頂からの下りは通行禁止だ。

矢立石口ルートは尾根筋を行くので水場はない。事前に用意しておこう。山中にはトイレがないので、国道20号からの入り口にある「道の駅はくしゅう」で済ませておく。登山適季は春と秋。落葉の秋は眺望も利く。ただ、冬期は林道が閉鎖されるので注意が必要。

下山後、白州・尾白の森名水公園「べるが」内の温泉「尾白の湯」に立ち寄り、登山の疲れを癒やすのもいい。

参考タイム

矢立石登山口（1時間30分）－雨量観測計（10分）－日向山（10分）－雨量観測計（1時間）－矢立石登山口

国土地理院2万5千分の1「長坂上条」

41

石割山

ishiwariyama

眼前に富士、眼下に山中湖 石割のパワースポットも

山梨・山中湖村 忍野村 都留市

1412m

石割山は、山中湖北岸から道志《どうし》山塊に連なる尾根の中央に位置する信仰の山で、8合目の石割神社が山名の由来。西に続く尾根はカヤトが覆い、富士山を眼前に眺めて冬場でも爽快な展望ハイクを約束してくれる。

富士急行富士山駅から平野行きバスの終点で下車。左に道志村方面への標識が立つ国道を10分ほど進むと石割ハイキングコース入口バス停（本数は限られている）がある。角に石割神社前社があり、左折して林道を進む。やがて赤い鳥居の登山口が現れる。ここはトイレがあり、約10台駐車可能な広場となっている。

鳥居をくぐり、いきなり一直線に４００段を超す急勾配の階段だ。上り切るとあずまや

で、山頂が目前に見える。尾根上の登山道をしばらく進むと巨岩を祭った石割神社奥社に出る。岩の正面が「石」という字の形に割れているためその名があり、巨岩がご神体である。無病息災、開運、勝負運の神として御利益があるとされ、言い伝えでは、岩の隙間を3回通ると運が開けるという。このごろはパワースポットとして人気を集める。

登山道は神社から一段下り、ササと雑木の山腹を左に行き、最後に滑りやすい急登を越すと山頂へ飛び出す。眼下には山中湖、南西に富士山と周辺の山々、北西には御坂《みさか》山塊の上に南アルプス全山の大パノラマが展開する。これから下る尾根道もよく見渡せる。

富士山を真正面に仰いで南西に本コース一番の急斜面を下る。下りたった鞍部からは右に忍野集落を隔て杓子山《しゃくしやま》などが望める。小さな上り下りを繰り返すと、草原状の平尾山に着く。カヤトの中、木組みの階段を一気に下り、芙蓉台別荘地の舗装道を横断して、階段状を上り返し、大窪山を越えると、なだらかな草原状の大平山に達する。真正面に富士山、眼下に山中湖がまぶしい。

さらにまっすぐな階段状を下り、小さなピークを越え、右の忍野分岐、左の湖畔分岐を過ぎ、直進すると車道に出る。ホテルマウント富士の前を通り、道なりに下ると山中湖畔に出る。右に10分ほどで国道、バス停は目と鼻の先だ。本数も多い。

（日本山岳ガイド協会正会員　大蔵喜福）

石割山

ガイドの目

登山口からいきなり403段の階段。ここで頑張ってしまうとこたえる。会話を楽しむ程度のゆっくり、かつ狭い歩幅でウオーミングアップといこう。特に冬場は、汗はほどほどでなければアンダーウエアがぬれて寒さを覚える。登山用のぬれない機能のものを。また雨具は防寒具としても使える。この二つは登山専用をお薦めする。冬季は雪や霜柱が解け登山道が滑りやすい。上り下りはストックを使ってバランスよく歩こう。安全のため靴に装着する雪上用滑り止めチェーンを使う手もある。

平野まで新宿から高速バスもある。

参考タイム

平野バス停（30分）－登山口広場（40分）－石割神社奥社（20分）－石割山（30分）－平尾山（35分）－大平山（30分）－長池山（35分）－車道（35分）－バス停

国土地理院2万5千分の1「御正体山」「富士吉田」

42

雁田山

karidayama

北ア望む歴史の山
くりの銘菓に、一茶の句碑

長野・小布施町
高山村

759m

アルプスや八ケ岳などに囲まれた山国・長野で、歴史に彩られたこの山は、標高は低くとも、眺望に恵まれ、葛飾北斎とくりの和菓子で名高い小布施町の散策もできるなど、見どころ、お楽しみ満載である。登山口は二つだが、今回は南側のすべり山登山口から北の岩松院《がんしょういん》に下山するコースを紹介する。

表示に従い、松林の中を登り始める。途中「一の岩」「二の岩」の大岩を過ぎ、1時間ほど登ると、標高759・3メートルの1等三角点のある広場に出る。旧国鉄の通信施設として使われていた反射板跡だ。地元は四つの峰を総称して雁田山と呼ぶが、狭義のピークとしては1等三角点の箇所を指すようだ。

登り下りの連続の途中には、物見岩などもあり、休憩も兼ねて展望を楽しみたい。岩の間の登山道を登りきると広い平らで、あずまやのある展望園地に出る。妙高、戸隠など信越県境地帯の北信五岳や北アルプス、善光寺平が一望できるだろう。

ここを過ぎ、稜線《りょうせん》を下ると、鎖のかかる「姥石《うばいし》」が現れるが、登山道は広く足場もしっかりあるので、鎖を利用するまでもなく歩くことができる。アップダウンを繰り返し最後の広場に出ると、登山道中の最高点、７８３メートルの千僧坊《せんぞうぼう》になる。

千僧坊からは、岩松院に向かう尾根筋を下る。かなり急斜面だが、階段やロープなどもあるので、しっかり足場をつくって歩きたい。やせ尾根周辺はツツジ台とも呼ばれ、５月の連休ごろはツツジの花の登山道となる。

ひたすら下っていくとあずまやのある「大城」に出る。さらに下ると、石垣が見事に積まれた「小城」。苅田城と呼ばれた城跡で、展望が良く物見としての役割が想像できる。武田信玄と上杉謙信が戦った川中島の古戦場も視界の中だ。この周辺が戦国時代まで、北信濃の重要な攻防線であったことがうかがえる。

「小城」の石垣からは岩松院の屋根も見え、観光客のにぎわいも伝わる。葛飾北斎の天井画や、福島正則廟《びょう》、小林一茶の「痩せかえる　負けるな一茶…」の句碑も見学したい。

（日本山岳ガイド協会正会員　畠山浩一）

雁田山

ガイドの目

雁田山は地元小学生の登山に使われており、ファミリーも楽しめる。登山口までは小布施町内を回る周遊バス「おぶせロマン号」が便利。登山道はよく整備されて、途中には道標があり、またロープも張ってあり、安心して歩くことができるだろう。ルート上では携帯電話も通話可能だ。

ただ、天候の急変や雷には注意したい。また、大岩からの展望は素晴らしく写真撮影などに最適だが、その下は絶壁になっている箇所も多く、十分に注意が必要だ。

下山後20分ほど整備された道を歩くと登山口に戻る。日帰り温泉施設が2軒あり、ここで汗を流し、小布施町の散策に繰り出すのも楽しい。

参考タイム

登山口（30分）ー二の岩（30分）ー山頂（1時間10分）ー千僧坊（1時間10分）ー岩松院

国土地理院2万5千分の1「中野西部」

43

守屋山

moriyasan

日本の屋根、絶景パノラマ 諏訪大社ご神体の山

長野・諏訪市 伊那市

1651m

数多くの名山が連なる信州で、全国的な知名度は高いとは言えない。見目麗しいとも言い難い。しかし、見てくれで山の価値は測れない。登ってみて良さが分かる山だ。天候に恵まれれば、北アルプス北部から槍《やり》・穂高《ほたか》、乗鞍岳《のりくらだけ》、南アルプスの北岳、甲斐駒ケ岳、中央アルプスの木曾駒ケ岳、眼前に八ケ岳と、日本の屋根のパノラマが広がる。田中澄江さんの「花の百名山」に選ばれ、山野草も楽しめるだろう。

諏訪湖周辺を支配した、かつての狩猟の民、守屋族との関わりがあるという。諏訪大社と守屋山はほぼ直線上に位置し、諏訪大社のご神体の山とされている。

登山コースはいくつかある。一般的なのは、杖突峠からのコース。この峠は、戦国時代

に甲斐の武田軍が南下する際の軍事上の要衝だった。

杖突峠までバス便はあるが、本数は多くない。マイカーなら、諏訪と伊那を結ぶ国道152号で杖突峠茶屋を過ぎた守屋登山口バス停が出発点になる。

ソーラーエリア帯を左に見て道標に従ってカラマツ林の中を進む。急坂を約20分で林道沿いに高床式のアジア風家屋が数軒現れる。林道に沿ったり離れたりしながら進む。10分ほどで座禅草コースの道標に従い林道から山腹を下りる。湿原の木道を渡り、再び林道に出たところが分杭平だ。炊事場、水場、トイレなどがあるキャンプ場で、誰でも気軽に休憩できる。ここから、いよいよ登山道らしくなる。鳥居をくぐり、クマザサ帯を抜け、カラマツ、数本のシラカバなどが混在する斜面を登る。左から立石コースと合流、斜度が増すと、標高約1631メートルの守屋山東峰は近い。

守屋山は頂上部が東西に長い。東峰からは諏訪湖、八ケ岳、中央アルプスなど360度の眺望だ。頂上をわずか下がると鉄柵で囲まれた祠《ほこら》、守屋神社奥宮の前に出る。周りには溶岩が露出している。東峰から稜線《りょうせん》をいったん下り、登り返すと最高点の西峰だ。1等三角点があり、展望にも優れる。

帰りは山頂から往路を忠実に杖突峠へと戻る。


(日本山岳ガイド協会正会員　下越田功)

守屋山

ガイドの目

諏訪大社のご神体の山として古くから地元の人々にあがめられている。

アクセスも比較的容易で、コースタイムも往復3時間余り。登山道、道標も整備され、誰でも気軽に登れる山である。ファミリーも楽しめる。ただ、装備品などは確実に。

登山は6月〜7月なら新緑と花、野草が楽しめ、10月〜11月は紅葉。積雪期はスノーシューを履いて散策と、四季折々楽しめる。

また、「花の百名山」でザゼンソウ、クリンソウ、レンゲツツジなど山野草の宝庫でもある。

参考タイム

登山口バス停（30分）−分杭平（1時間）−守屋山東峰（20分）−西峰頂上（15分）−東峰（40分）−分杭平（20分）−杖突峠登山口

国土地理院2万5千分の1「辰野」「茅野」

44

位山

kuraiyama

飛騨山脈、心躍る大展望
伝説の山、飛騨の三名山

岐阜・高山市

1529m

東の船山《ふなやま》、西の川上岳《かおれだけ》とともに飛騨の三名山とも三霊山とも言われている。中でも位山は巨石群が多いことから石神信仰が生まれ、山頂の天の岩戸《あまのいわと》伝説とともに天孫降臨の山として古くから飛騨の人々にあがめられてきた。

登山口は県道98号の分水嶺《ぶんすいれい》の峠にある道の駅「モンデウス飛騨位山」である。ここまではマイカーかJR高山駅からタクシー利用となる。

スキー場の北側に登山口の標識があり、牧草地を登っていく。祭壇岩《さいだんいわ》に来ると道はジグザグとなり、次第に高度を上げる。標高差約250メートルを一気に登りきるとスキー場トップの広場。眼前に飛騨山脈の大パノラマが広がる。

南に御嶽山《おんたけさん》、正面には乗鞍岳《のりくらだけ》が迫ってくる。北に向かって槍《やり》・穂高《ほたか》、笠ケ岳《かさがたけ》そして黒部五郎岳《くろべごろうだけ》、薬師岳《やくしだけ》、さらに北には立山《たてやま》、剣岳《つるぎだけ》までも望むことができる。わが国には3千メートルを超す山が21座あるが、そのうち飛騨山脈にある11座のすべてが望めるのはここしかないであろう。心躍る大展望を楽しみたい。大きな写真盤が設置してあるので、それぞれの山の名前を確認するとよいだろう。

ここからはいよいよ木立の中の山道に入っていく。太奈山《だなやま》と呼ばれる1233メートルの三角点を過ぎてクリやブナの巨木が多い林を抜けるとヒノキの造林地になり、小さな馬頭観音の祠《ほこら》がある。この辺りより尾根の左側を巻くように道は続く。途中には巨石が点在しそれぞれ名前が書かれている。やがて広い尾根に出てオオシラビソが目立つようになると天の岩戸に出る。ここは天照大神が最後に造ったとされる都「高天ケ原」であるとの伝説がある。ダナ平林道終点からの巨石群登山道がここで合流する。ここから湿地を抜けると天《あま》の泉《いずみ》への道を分け、右に進みサラサドウダンが生い茂る林をくぐり抜けると庭園のような位山山頂に着く。眺望はないが樹間からわずかに白山が望める。頂上から西へ続く道は川上岳への天空遊歩道である。南へ数分下ると天の泉がこんこんと湧き出ている。のどを潤したら北へ進むと公衆トイレがある。本道と合流し、来た道を戻る。

（日本山岳ガイド協会正会員　島田靖）

位山

ガイドの目

山頂部のサラサドウダンの開花は6月中旬、秋の紅葉は10月下旬からである。北側のダナ平林道（未舗装）終点から巨石群登山道を登ると約1時間で山頂に達する最短コースがあるが、こちらは眺望には恵まれない。

山名の由来は、古来朝廷へ束帯着用時の笏《しゃく》の木として、位山のイチイを献上してきたことにある。朝廷はこの木に一位の位を贈り、以後位山と呼んだと伝えられる。

麓の飛騨《ひだ》一宮《いちのみや》水無神社《みなしじんじゃ》には、左甚五郎作と伝えられる木馬がある。大幢寺《だいどうじ》には樹齢千年を超すという国指定天然記念物「臥《が》龍桜《りゅうざくら》」があり、近くに臥龍の郷温泉もある。

参考タイム

登山口（40分）－スキー場トップ（1時間50分）－山頂（2時間）－登山口

国土地理院2万5千分の1「位山」

45

冠山

kanmuriyama

岐阜・揖斐川町

福井・池田町

1257m

ブナの緑、カッコウの声
烏帽子の山容、山頂の絶景

岐阜と福井の県境にある標高1050メートルの冠山峠に立つと、巨大な石碑の背後にこの山が望める。その姿はまさに烏帽子《えぼし》そのもので、白山と能郷白山を含む両白《りょうはく》山地の南部に連なる山々では際立った存在といえる。

冠山への稜線《りょうせん》は福井県境をなす。豪雪地帯であり、豊かなブナ林が残る。この山の一帯には自然環境保全地域もある。

登山口の冠山峠までは国道417号から冠山林道を行く。公共交通機関はなく、マイカー利用となる。峠には駐車場がある。登山口から東へゆるやかに登る。初夏ならチゴユリやマイヅルソウのかれんな花が目にとまるだろう。急な登りを詰めると1156メートルの小ピークだ。ここを南に折れ、ゆるく下っていくと正面に冠山の姿が顔を出す。さほど遠くない。期待感で足取りも軽くなる。小さな登りかえしを繰り返しながら、心地よいブナの原生林の中を進む。カッコウの声が爽やかだ。ブナの林にはマルバマンサクやクロモジ、チシマザサなど典型的な多雪型の植生が見られる。新緑の季節ならガマズミやウワミズザクラの白い花、タニウツギの赤、足元にはイワカガミが花をつけているだろう。

うっそうとしたブナ林の最低鞍部から少し登りとなり、やがて冠山尾根の東側を巻くと、しばらくして左手前方が開け、冠平と呼ばれるササの平たん地が広がる。中央には、冠平の標識と1955年の遭難事故の碑がたつ。休憩には絶好の場所なので寄ってみたい。夏ならニッコウキスゲの群落が楽しめる。

山頂へは冠平手前から登る。標高差100メートルほどだが、岩場があって緊張を強いられる。だが、足場もしっかりしていて見かけほどでもない。上部の岩壁帯にはロープがあるので慎重に登りたい。ホツツジなどが茂る道を稜線に出て、左へ行くと頂上だ。

山頂はさほど広くないが、360度の眺望が素晴らしい。白山など両白山地の峰々、伊吹山、遠く北アルプスの高峰も望まれる。眼下の山並みの重なりの中、徳山ダムの湖面が輝いているだろう。下山では岩場を慎重に下りよう。

（飛騨山岳ガイド協会正会員　島田靖）

冠山

ガイドの目

冠山林道は雪で冬は閉鎖され、開通は例年5月中旬以降。11月には初冬の厳しい気象条件になることがある。道路状況を見極めたい。

冠山の遭難事故は1955年11月の出来事。天候急変による強風と濃霧のため2人が低体温症で帰らぬ人となった。

貯水量日本トップクラスの徳山ダムの建設で466戸の徳山村は消滅した。村の貴重な資料は国道303号沿いの道の駅「星のふる里　ふじはし」の徳山民俗資料収蔵庫に収められている。この道の駅にはいび川温泉「藤橋の湯」もある。

参考タイム

冠山峠（1時間20分）－冠平（20分）－冠山（1時間10分）－冠山峠

国土地理院2万5千分の1「冠山」

46

達磨山

darumayama

静岡・伊豆市 沼津市

982m

絶景、富士と駿河湾
晩秋から早春が最適

伊豆半島は日本で最も深い駿河湾と2番目に深い相模湾に挟まれるように位置する。温暖な気候もあり、山より海のイメージが強い。だが、伊豆半島の背骨に当たる尾根筋には伊豆山稜線《いずさんりようせん》歩道という全長約43キロのロングトレイルがある。この山はその途上の主要ピークで、達磨大師の座禅姿に似ていると名づけられたという。

別名は、万太郎岳《ばんたろうだけ》。伊豆半島最高峰、天城山で最も高い万三郎岳とその弟、万二郎岳と3兄弟。それぞれその名前のてんぐが住んでいたといわれている。標高千メートルにも満たないが、３６０度の展望と、1等三角点の山として人気が高い。

西伊豆スカイライン（現県道）が通っているので、車で達磨山の直下にある駐車場まで行ってしまえば往復1時間で手軽に登れる。でも、お勧めは、富士山に向かって歩く北向きの縦走だ。修善寺からバスで大曲茶屋まで行き、船原峠へ上る。そこから伽藍山《がらんさん》、古稀山《こきやま》、達磨山、小達磨山、金冠山《きんかんざん》とアップダウンを繰り返す。左に駿河湾と富士山の大展望を眺めて気持ちの良い稜線歩きだ。

登山の最適季は空気が澄み、遠くまで見渡せる晩秋から早春。冬は西風が強い日が多いが、風がなければ日だまりハイクを楽しめる。富士山に雪の残る5月初旬くらいまではいいが、春かすみが出始めると遠景はクリアにならない。

船原峠は植林帯の中だが、すぐにササ原の見晴らしの良い道になる。風の強い日は、防風着が必要だ。右手のがけ下に西伊豆スカイラインが見え隠れする。道は明瞭なため迷うことはないだろう。伽藍山を過ぎると前方に大きな達磨山が見えてくる。登りがきつそうに思えるが、ゆっくり歩いても意外と短時間で頂上に達する。山頂はそれほど広くない。

ゴールのだるま山高原レストハウス付近から富士山を写した巨大なパノラマ写真が、戦前のニューヨーク万国博覧会で「日本一の富士山」として紹介されたことでも有名だ。帰路はここから修善寺へバス便がある。4月中旬から下旬にはマメザクラに覆われた金冠山のピンク色に染まる山肌が美しい。

（日本山岳ガイド協会正会員　三浦早苗）

達磨山

ガイドの目

船原峠から達磨山への登り口までは西伊豆スカイラインの車道歩きの部分があるので、車に注意が必要だ。

温暖な伊豆の山だが、西風が強い冬は、防寒と帽子を飛ばされないようハットクリップなどの対策を。達磨山への上り下りは丸太の階段で、ぬれていると滑りやすく、特に眺望に見とれ足を踏み外さぬよう注意したい。

達磨山の山頂は眺めが良く、誰もが弁当を広げ、休憩を取りたくなる。ただ、荷物を広げっぱなしにしないよう他の方への配慮を忘れずに。

参考タイム

大曲茶屋（40分）ー船原峠（1時間10分）ー伽藍山（50分）ー達磨山（40分）ー戸田峠（15分）ー金冠山（40分）ーだるま山高原レストハウス

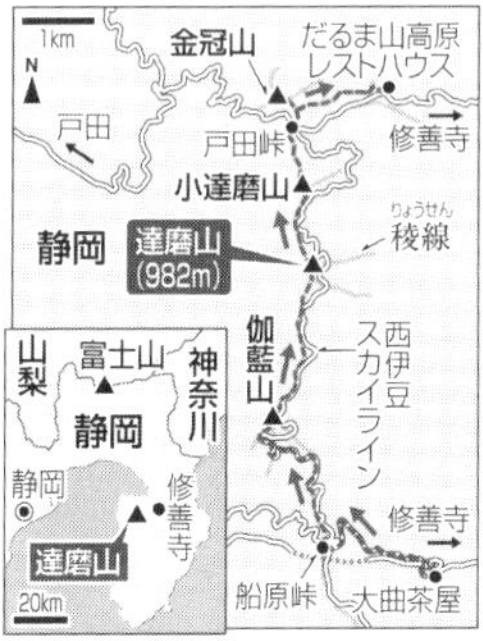

国土地理院2万5千分の1「達磨山」

47

満観峰

mankanho

富士と駿河湾の大景観
春先には貴重なキスミレ

静岡・静岡市 焼津市

470m

静岡の山は、一般的に〝地味〟である。しかし、満観峰のように展望が魅力で、登り方やコースによっては、初心者でも十分楽しめる山も少なくない。茶畑に囲まれ、満観峰は見るからにのどかである。ここでは山頂へ最も簡単に行けるコースを紹介する。JR東海道線用宗《もちむね》駅で下車し、小坂《おさか》集落を目指す。集落を過ぎてしばらく歩くと左手に駐車スペースがありトイレもある。ゆっくり歩いて1時間ほどである。車なら、ここまで入れる。すぐ先の二股には庚申塔《こうしんとう》や石仏が立つ。ここを右手、萬福寺方向へ向かい、山道へと入って行く。

駐車場より約1時間半で稜線《りょうせん》に出て左手に向かえば、30分ほどで山頂に達する。山頂には、あずまやも立ち、素晴らしい眺望である。安倍川の向こうに静岡市の市街地を見、その向こうには大きな富士山がそびえている。また、目を転じれば、冬でも暖かに光あふれる駿河湾が広がっている。実にのどかな風景で静岡らしい。条件が良ければ南アルプスも見える。十分に展望を楽しんだら、下山は日本坂峠を経由して小坂まで約1時間半。

静岡は、古代より東海道の要所で、この山の周辺には多くの史跡が点在している。北側の登山口である宇津ノ谷《うつのや》地区は、伊勢物語にも登場する古道、蔦の細道が通る。ここも良いハイキングコースとして市民に親しまれている。宇津ノ谷の集落は、近世の東海道の面影を色濃く残している。集落内には、人気のそば屋もあり立ち寄りたい。

一方、日本坂峠は神話の時代、ヤマトタケルが通ったとされる。草薙の剣の伝説の地、焼津もほど近い。焼津には、新鮮な魚介類を提供する料理店も多い。下山後は、焼津黒潮温泉で汗を流して帰るのも良い。

この山域の魅力にもう一つ加えたいものがある。それは隔離分布という不思議な生息範囲を示す植物である。一つは、低山に咲く唯一の黄色いスミレ「キスミレ」である。他は「コシノコバイモ」である。希少種なので十分に配慮して見てほしい。春先に咲くこれらかれんな花を、里山で見られるのは幸せなことである。

（日本山岳ガイド協会正会員　上野真一郎）

満観峰

ガイドの目

温暖な静岡だが、やはり冬はそれなりに冷える。小さな子供連れの際には、十分な防寒衣料（帽子、手袋、ダウンジャケットなど）をザックの中に入れて行きたい。

コース上には、特に危険な箇所はないが、全般的に植林地を歩くことが多く、風の強い日には杉やヒノキなどの枝の落下にも注意が必要である。初心者の適期としては、10月〜5月頃となる。夏は暑く、熱中症や虫刺されに注意が必要となる。春は、桜の頃、秋は他よりも遅い紅葉の頃が最も歩きやすい。

飲用に適した水場はない。トイレは駐車場で。

参考タイム

小坂駐車場（10分）ー萬福寺（20分）ー登山道入り口（1時間）ー稜線（30分）ー山頂（1時間）ー日本坂峠（30分）ー駐車場

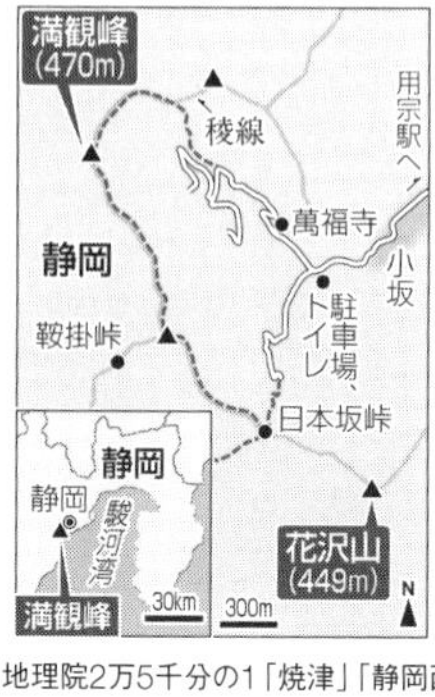

国土地理院2万5千分の1「焼津」「静岡西部」

48

猿投山

sanageyama

愛知・豊田市 瀬戸市

629m

名古屋市民が親しむ山 恵那山望む1等三角点

名古屋市の東、広い濃尾平野から見ると標高の割にどっしりとした山容である。名古屋からの「足」に恵まれ、市民が気軽に自然に親しめる山だ。

山名の由来は諸説あるようだが、「景行天皇が伊勢へ赴いた際、かわいがっていた猿が不吉なことを行ったので、海へ投げ捨てた（もしくは猿がいたずらをしたので腹を立て、投げ捨てた）。その猿が、今の猿投山にこもって住んだ」とされる話も伝わる。

名古屋市からは車が便利だが、公共交通機関でも比較的気軽に行ける。名鉄豊田市駅からとよたおいでんバスで猿投神社前下車。目の前が古い歴史の猿投神社だ。神社の門の右にある車道を上っていくと、左側にトイレが備えられた立派な駐車場がある。車ならここに駐車すると便利だろう。

舗装道を進むと左側に観光用のトロミル水車がある。これは花こう岩の風化したサバ土から陶磁器の原料を作るときに使われていた水車である。

さらに行くと御門杉《みかどすぎ》の道標があり、ここから登山道（東海自然歩道）が始まる。けっこうな勾配があるが、丸太の階段があり、一部崩壊はしているものの、しっかりと整備されて歩きやすい。車道を横切り、休憩所を過ぎ、しばらく登ると、昔の参詣道、武田道と合流する。この辺りから常緑広葉樹などの自然林が目立つ。

東の宮への道標に従って行くと、舗装道に出る。東に展望台があり、条件次第で三河湾方面が望めるという。東の宮の階段が始まる鳥居の近くにはトイレがあり、休憩ポイントとなる。東の宮への登山道も歩きやすい。この辺りの桜や杉などの木々は大きく、目を見張る。東の宮から、登山道を行くとユニークな形をした「カエル石」がある。ここから猿投山頂まではもう一息。1等三角点のある頂上からは瀬戸方面の丘陵地帯が望める。

下山は自然林の多い尾根状の登山道を西に進む。晴天だと恵那山や名古屋市街を見ることができる。瀬戸側の雲興寺への分岐、通称「赤猿峠」から左の登山道を下る。猿投七滝の遊歩道を通り、広沢天神社を横に山麓を行くと猿投神社前に戻る。

（日本山岳ガイド協会正会員　保田辰弥）

ガイドの目

下山の「菊石・猿投七滝」遊歩道も魅力の一つ。猿投七滝は、上流から血洗いの滝、二ツ釜滝、白霧滝、千鳥滝、白菊滝、乙女滝、そして落差25メートルという広沢大滝である。天気の良いときには快適に散策ができる。菊石とは、国指定の天然記念物「球状花《か》崗岩《こうがん》」で、広沢川の川床や右岸に菊の花のような模様が花こう岩に見られる。

広沢川沿いに下ると、広沢天神社から里山の道が猿投神社までつながっている。のんびりと帰路を楽しもう。車なら帰りに猿投温泉に立ち寄り、一汗流すのも一興だ。

参考タイム

猿投神社（1時間30分）－東の宮鳥居・トイレ（1時間）－山頂（40分）－赤猿峠（1時間30分）－広沢天神社（30分）－猿投神社

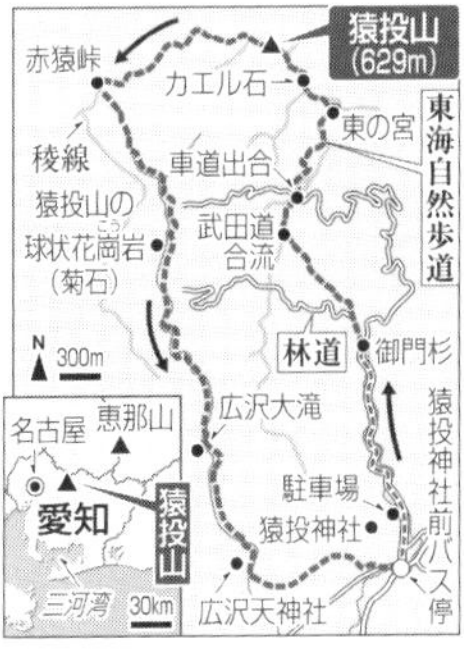

国土地理院2万5千分の1「猿投山」

49

宇連山

uresan

愛知・新城市設楽町

930m

多彩なコースと眺望
人気の低山、国体の舞台

愛知県には高い山はない。しかし県東部の三河エリアには、登山者に好まれる多くの低山がある。この山もその一つであり、１９９４年の国体山岳競技の舞台になった。標高は千メートルに及ばないが、変化に富んだ多くのコースや山頂からの展望は訪れる登山者を楽しませてくれる。今回は、愛知県民の森を出て、国体に使われた尾根から登るルートを紹介する。

登山口である愛知県民の森へは、ＪＲ飯田線三河槙原駅より徒歩約15分。マイカーで訪れても広い駐車場がある。

林道を進むとまもなく不動の滝に出合う。11月下旬頃、この辺りは紅葉の盛りとなる。

広場やレストハウスなどキャンプ場の施設が現れ、レストハウスを右手に見て道は、川の両岸に分かれる。ここは左手のかえで展示林の方を取り、下石林道へ向かう。道の下にやませみ池を見てまもなく休憩小屋が現れる。そこが国体尾根の登り口となる。トイレもある。

ここから登山道はジグザグに急登となっていく。一汗かいた頃に展望のきく岩尾根に出る。細い尾根だが道の両側に鎖の張られた柵が設置されている。涼しい風が吹き抜け眺望も素晴らしい。春にはホソバシャクナゲの花が楽しめる。

正面に見える西尾根に出たら右手に向かう。急な登りを何度か繰り返しながら詰めていくが、休憩できる小広い場所があるので、焦らずマイペースで登ろう。右から北尾根コースが合流する（標高744メートル）。ここまで意外に長く感じるだろうが、あと少しの辛抱である。大きなモミの木や木々の間に見える奥三河の山々の眺望を楽しみながら頂上を目指そう。最後の一登りでようやくあずまやのある山頂へ出る。空気の澄んだ冬場には雪の南アルプスや富士山の頂も見えるという。展望を十分楽しんだら下山にかかろう。

往路を戻り、滝尾根分岐から左の滝尾根へ。途中、落差86メートルの下石の滝を眺めると、ほどなく登ってきた下石林道の末端に出る。この後は林道を行くと登山口の休憩小屋に出るので、ここからは来た道を戻る。

（日本山岳ガイド協会正会員　上野真一郎）

宇連山

ガイドの目

この山は多くの登山コースがある。今回のルートは急な登りもあり、細い部分もある。歩き慣れない人や子ども連れは、危険な場所の少ない南西方向の棚山高原から登るのがいいだろう。

登山口の愛知県民の森には整備されたキャンプ場や宿泊施設（モリトピア愛知）もある。週末をのんびり過ごしながら山歩きを楽しむのもいい。

下山後の入浴はモリトピアでもできるが、午後3時までだ。遅ければ飯田線で豊橋方面に1駅戻ると湯谷温泉がある。

参考タイム

モリトピア愛知（40分）－国体尾根登り口（50分）－西尾根（1時間30分）－北尾根分岐（30分）－山頂（30分）－滝尾根分岐（40分）－下石の滝（40分）－モリトピア愛知

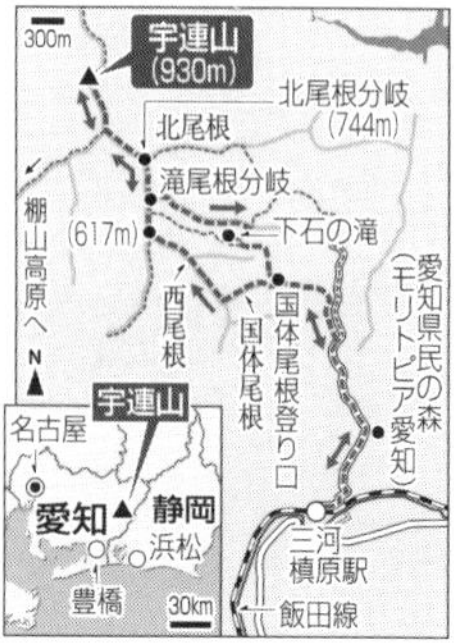

国土地理院2万5千分の1「海老」

50

朝熊ケ岳

asamagatake

伊勢神宮参拝と信仰の山
伊勢湾、三河湾の眺望も

三重・伊勢市

555m

伊勢神宮の鬼門（丑寅《うしとら》＝北東）の方角に当たるとして「伊勢神宮の鬼門を守る寺」金剛《こんごう》証寺《しょうじ》が山頂付近に建つ。歴史と信仰の山で、朝熊山《あさまやま》ともいう。伊勢神宮参拝や伊勢志摩観光を併せて楽しむのも可能だ。伊勢神宮とこの山がセットで参拝された時代があり、戦前から登山鉄道ケーブルカーや登山バスが走った。現在は伊勢志摩スカイラインが山頂付近まで通じて四季ごとに観光客でにぎわう。

ここではいくつかある岳道《たけみち》といわれる登山と参拝の道から、登りやすい朝熊岳道を紹介しよう。下りは、伊勢神宮へ向かう宇治岳道が一興だ。

近鉄鳥羽線の朝熊駅で下車。朝熊の集落の中を15分ほど行くと、朝熊山登山道の道標がある。駐車場やトイレがあり、登山準備に都合がいい。ここから朝熊峠の二十二町の「町石」まで1町ごとに案内代わりの石と地蔵を数えながらの登山となる。杉やヒノキなどの人工林と照葉樹の整備された登山道を行くと、ケーブルカー軌道跡を越える鉄の橋を渡る。このあたりより、木々の間から二見や五十鈴川河口、伊勢湾がのぞく。さらに登ると朝熊峠。右から舗装された宇治岳道と合流する。かつての旅館跡の石垣が残る。

ここから舗装道でも、その脇の登山道でもどちらを取っても朝熊ケ岳山頂に至る。大きなアンテナを備えた建物が見えてくると、すぐに八大竜王社《はちだいりゆうおうしや》のある広い山頂に出る。天気がいいと鳥羽市から答志島、神島、さらに渥美半島や三河湾の眺望を楽しむことができる。

八大竜王社脇から少し下ると舗装路に出て、金剛証寺や経塚群の道標に従って進む。道の途中を少し上がると経塚群。さらに進むと、金剛証寺に至る。臨済宗南禅寺派の寺で、斜面を生かした伽藍《がらん》や太鼓橋などは趣がある。また少し登ると奥の院があり、そこも見ておきたい。

下りの宇治岳道は、朝熊峠から西に向かう。かつて登山バスが走っていた道だ。ただ、緩いものの長く、安全だが飽きるかもしれない。登山道は神宮司庁の近くに出て、しばらく行くと「おかげ横丁」の方へ導かれる。

（日本山岳ガイド協会正会員　保田辰弥）

朝熊ケ岳

ガイドの目

山頂付近に点在する経塚群や金剛証寺、その奥の院は一見の価値がある。また伊勢神宮と併せれば、通常の山登りとは趣が異なるだろう。

下山の宇治岳道は、伊勢志摩スカイラインとほぼ並行している。舗装は途中から途切れ整備された登山道が続く。途中、スカイライン上の橋を渡るあたりから展望もよく、ウバメガシなどの自然林で神宮林の一端も見ることができる。おかげ横丁は観光客でにぎわう。

参考タイム

登山口（1時間30分）ー朝熊峠（15分）ー山頂（15分）ー金剛証寺、山頂（2時間）ー神宮司庁

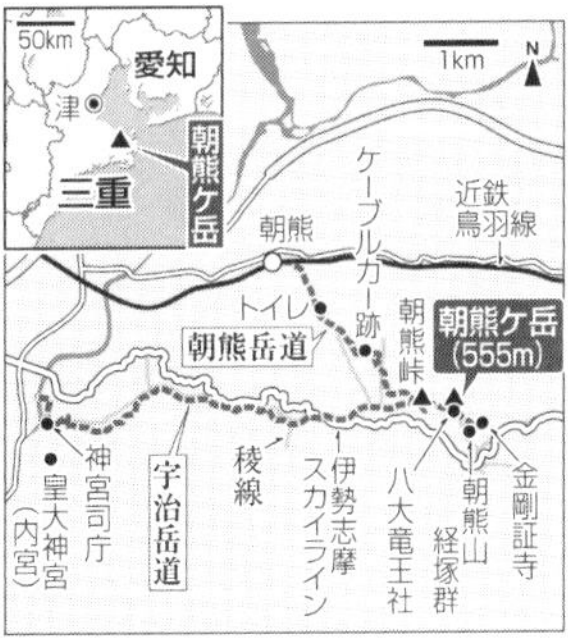

国土地理院2万5千分の1「鳥羽」「伊勢」

51

八鬼山

yakiyama

世界遺産熊野古道の難所
輝く熊野灘、ヤブツバキも

三重・尾鷲市

647m

三重県は、伊勢湾から熊野灘に面した県である。一方内陸部には、養老山地、鈴鹿山脈から始まり布引山地、台高山脈、紀伊山地と実に多くの魅力的な山がある。尾鷲市にあるこの山は、熊野灘側に位置し、世界遺産の熊野古道伊勢路の最難所「八鬼山越え」として知られる。江戸時代は急傾斜の上り下りに加え、オオカミの危険もあったという。

尾鷲駅から市街地南の矢ノ川を渡った先、トイレのある向井登山口までは1時間少々。マイカーの場合は、この登山口に数台駐車できる。あるいは、大曾根浦駅近くの熊野古道センターの駐車場に車を置き、下山した三木里駅より大曾根浦駅へと戻ってもよい。

道は、最初から登山靴にはつらい石畳である。歩き始めは、車道が並行するなどして落ち着かないが、車道といったん交差した後は、植林の中の静かな道となる。所々にある石仏の柔和な顔に癒やされながらゆっくりと歩こう。古道歩きに急ぎは禁物だ。豊富な雨を受け、びっしりとコケに覆われた石畳の道は、滑りやすい。途中には、籠立場《かごたてば》、茶屋跡などの史跡も見られる。

急な七曲がりを経て九木峠まで来れば、もう山頂は間近である。周囲には、本来の自然植生である照葉樹の森もわずかながら残り、早春にはヤブツバキの赤い花が暗い森に彩りを添えて楽しませてくれる。

下山道は二つあるが、江戸道を下りよう。少し先のさくらの森広場まで行き休憩したい。開けた広場では明るく輝く熊野灘の眺望が眼前に広がる。この先は、今までとは打って変わって急な下降となる。道幅も狭く足元も不安定となるので、山歩きの経験の少ない方は、来た道を戻った方がよい。もう一つの下山道、明治道は荒れていて歩きにくい。

急な下降を終え、明治道と合流して名柄一里塚跡まで来れば、名柄の集落は近い。石垣に囲まれた石畳の道は集落へ続き、振り返れば青空にくっきりと八鬼山が映える。伊勢路最難所を越えた充実感に浸りながら、古い家並みの中を三木里駅に向かう。

（日本山岳ガイド協会正会員　上野真一郎）

八鬼山

ガイドの目

平均気温が15度を超す尾鷲では、冬から春が低山歩きの季節であろう。2月にもなれば、尾鷲市の花、ヤブツバキも咲き始め、一足早い春を海風にも感じる。

逆に、年間降水量は4千ミリ近くに達し、夏季の歩行はあまりお勧めではない。

紀勢本線はのどかな景色を眺めながら楽しいが、本数が限られている。尾鷲で前泊して風情ある町歩きを楽しみ、夜にはブリなどの海鮮料理でも味わい、のんびり歩くのも良い。

参考タイム

向井登山口（1時間）ー七曲がり（1時間）ー九木峠（30分）ー八鬼山山頂（10分）ーさくらの森広場（1時間30分）ー名柄一里塚跡（50分）ー三木里駅

国土地理院2万5千分の1「尾鷲」

52

賤ケ岳

shizugatake

滋賀・長浜市

421m

琵琶湖など一幅の水墨画
秀吉、勝家の合戦場

琵琶湖の北、奥琵琶湖と呼ばれる地域にある。JR北陸線の木ノ本駅付近から西方向に見える穏やかな山並みで、織田信長亡き後、羽柴秀吉（のちの豊臣秀吉）と柴田勝家が雌雄を決した「賤ケ岳の合戦」の地だ。周辺には合戦の戦跡が数多くある。今回はいくつかあるアプローチの中で比較的楽に登れ、達成感も味わうことができ、それでいて歴史や自然、そして展望も堪能できる欲張りコースを紹介する。

JR余呉駅で下車し、江土集落の登山口を目指す。民家の間を抜けて登山道へ。往時をしのびながら広い道を登り、まず岩崎山の高山右近の砦《とりで》跡へ。この辺りから緩やかな登りで、大岩山の中川清秀の砦跡、秀吉が陣を敷いたという猿が馬場などへと続く。

木立の間から余呉湖を眺めたり、杉の木に巻きつけられたテープを見て「ツキノワグマが樹皮をはぐクマハギの防止に効果があるのか」との疑問をもってみたり。山頂に近づくと、勾配が少し急になってくる。この頑張りどころを過ぎると、ほどなく山頂広場である。

展望は北に余呉湖や湖北の山々、西には琵琶湖、南は山本山へと続く縦走路、東には木之本町。それぞれが一幅の水墨画のようで本当に美しい。広い山頂には戦跡碑、武将像、砦の案内表示、3等三角点がある。確認してみるのも面白い。トイレやあずまや、自販機もあるが、ゴミは必ず持ち帰ること。

山頂から少し下ると、木之本町方面へのリフト（営業日、時間は要確認）を利用し、下山することもできる。今回は別コースを取って、余呉湖の湖畔に立つ国民宿舎余呉湖荘（閉館）へ向けて下山する。階段状の下りなのでゆっくりと膝のバネをきかせるように歩こう。飯浦《はんのうら》切通しからはなだらかになり、余呉湖荘登山口に出てくる。

余呉湖は周囲約7キロ、駅までの舗装路は東西どちらから回っても良いが、湖北部にある天女伝説の衣掛柳《ころもかけやなぎ》は是非見ておきたい。この先から登った賤ケ岳を望むことで、さらに山への思いが深まるだろう。


（日本山岳ガイド協会正会員　荒木研一）

賤ケ岳

ガイドの目

湖北に位置するため冬は雪が深いが、他のシーズンは快適に歩ける。春は桜、秋には紅葉が楽しめる。夏は水分をこまめに取り、熱中症に注意。ただ、木立の間からの涼風に元気をもらえる。

歩き始める前には、登山口近くの余呉湖観光館に立ち寄ると、情報収集ができる。山中は水場が無い。トイレは駅、観光館、山頂のいずれかを利用すると良い。

近くには北国街道「木之本の街並み」をはじめ見どころが多い。

参考タイム

余呉駅（1時間）—猿が馬場（1時間）—賤ケ岳（40分）—余呉湖荘（50分）—余呉駅

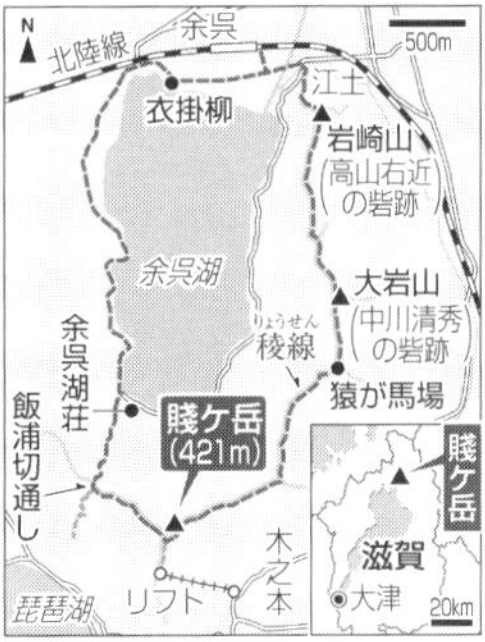

国土地理院2万5千分の1「木之本」

53

武奈ケ岳

bunagatake

なごり雪と春を探す山
パノラマ抜群、比良最高峰

滋賀・大津市

1214m

なごりの雪と春の兆しを見つけに登る。日本最大の湖、琵琶湖の西岸に連なる比良山地は千メートルほどの標高だが、冬季は豊富な積雪があることで有名だ。この山は比良山地の最高峰であり、頂上からは琵琶湖のかなたに雪の白山など素晴らしい展望が開ける。ルート上の御殿山《ごてんやま》から見る姿も美しく、見てよし、登ってよしの山である。

かつて若狭から京都へサバを運んだことから「鯖街道《さばかいどう》」とも呼ばれる国道367号の葛《かつら》川坊村町《がわぼうむらちょう》の集落から登山が始まる。朱塗りの橋を渡り、明王院《みょうおういん》を抜けるとすぐに杉の植林地の登りとなる。申し訳程度に現れる緩傾斜地で、小休憩を取りながら進む。モミの大木が目立つようになると平らな場所に着く。標高700メートル近辺のここまで高度差約4

00メートルを乗り切ることが体力面の核心となる。ここで行動食と水をしっかり取っておこう。再び急斜面が目の前に出てくる。つづら折りの道を行き、標高800メートル付近で大きな尾根上に到達する。広くなだらかなこの場所は下山ルートのチェックポイントとなるので、よく観察しておこう。ここからは山腹につけられた緩やかな登山道を進み、浅い沢を行く。沢の右手、斜面につけられた急登を見逃さずに。樹林に囲まれた尾根道も御殿山までだ。

標高1097メートルの御殿山からワサビ峠を経て武奈ケ岳へ。樹木は背が低いので、抜群の景色を楽しむことができる。視界が利くようなら地図をチェックしよう。山頂手前の幅広い尾根には吹きだまりで大量の雪が残っている年もある。頂上は360度のパノラマだ。近くに福井県境から伊吹山、鈴鹿の山々を、さらに白山に加えて遠く乗鞍岳や御嶽《おんたけ》山《さん》も望める。眼下に広がる琵琶湖とのコンビネーションを楽しんだら往路を戻ろう。

ワサビ峠から登り返すと御殿山。ここで武奈ケ岳に別れを告げる。標高800メートル付近では幅広い尾根を進まず、右手の急な登山道に向かう。蓄積した疲労が出るころだ。しっかり行動食を取り、水分を補給しよう。休憩時は、体を冷やさぬよう上着を1枚着るといい。明王院に近い杉の植林地は急斜面だ。慌てず確実に丁寧に下る。

（日本山岳ガイド協会正会員　加藤智二）

武奈ケ岳

ガイドの目

JR堅田駅から江若《こうじゃく》交通バスで登山口の葛川坊村町へ向かうが便数は少ない。マイカーなら安曇川《あどがわ》対岸の駐車場を利用できる。

春は、里は桜が盛りでも、山にはまだ雪が残っている。登山口は標高約300メートル、前半の標高800メートル地点まではペースを守って無理せず登ろう。下山時は雪解けと泥によるスリップと転倒に注意したい。

見晴らしの良い西南尾根は遮るものがない吹きさらしの場所でもある。防風ウエアの着用に加え、悪天強風時は御殿山で引き返す判断が必要だ。

下山後、北上して「くつき温泉」に立ち寄り、汗を流すのも良い。

参考タイム

登山口（1時間30分）―800メートル地点（50分）―御殿山（1時間）―武奈ケ岳（30分）―御殿山（30分）―800メートル地点（1時間）―登山口

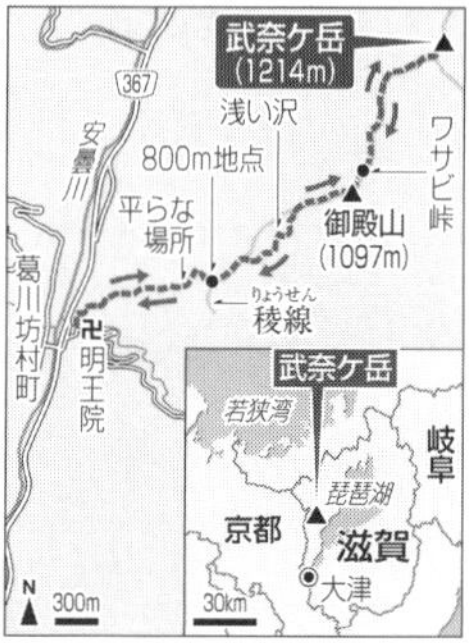

国土地理院2万5千分の1「比良山」「北小松」「花脊」

54

大江山

ooeyama

酒呑童子と鬼伝説の山
晩秋ごろの雲海が絶景

京都・福知山市
宮津市
与謝野町

832m

丹後天橋立大江山《おおえやま》国定公園にあり、酒呑童子《しゅてんどうじ》と鬼伝説で名高い。鍋塚（763メートル）、鳩ケ峰《はとがみね》（746メートル）、千丈ケ岳（832メートル）、赤石ケ岳（736メートル）を合わせて大江山という。

登山口一帯は「酒呑童子の里」と呼ばれ、大江山グリーンロッジや「日本の鬼の交流博物館」が立つ。内外の鬼について知る良い機会なので、下山後に立ち寄るといい。また地質に関心のある人には、地下のマントルに由来する蛇紋岩など興味深いエリアだ。

京都丹後鉄道の大江山口内宮《ぐちないく》駅から大江山グリーンロッジ前まで運行されるバスで向かう。「酒呑童子の里」の先のグラウンド裏から登りだす。植生と地質を観察しながら歩こう。遊歩道をジグザグに登り、尾根を目指す。尾根に出てしまえば緩やかなササ原だ。右手に鍋塚が見える。左手の林道への道を見送って正面を登る。足元に点在するのは蛇紋岩だ。主稜線《しゅりょうせん》の歩きやすい登山道に合流したら、360度の展望が楽しめる鍋塚を往復する。一帯はカンラン岩や蛇紋岩を主とする鉱物で構成されている。鍋塚頂上からは鳩ケ峰と千丈ケ岳がどっしりとした姿を見せている。

合流点に戻ったら、その先にある休憩所でトイレを済ませ、鳩ケ峰に登ってしまおう。見晴らしの良いピークで水分と栄養補給をし、最高峰の千丈ケ岳に向かう。標高差130メートルを一気に登る、このコース最後の踏ん張りどころだ。頂上は広場となっている。歩いて来た鍋塚や丹後半島から若狭湾、好天に恵まれれば氷ノ山《ひょうのせん》まで目に入る。

下山は南へ。一帯の地質は古生層で、植生が豊かだ。ミズナラやウリハダカエデの美しい自然林が続く。赤石ケ岳への分岐はすぐだ。ここから鬼岳稲荷《おにたけいなり》神社まではブナの原生林が美しい。樹木の下にはさまざまな植物を観察できるので、図鑑を片手にゆっくり下りよう。鬼岳稲荷神社に近づくとイタヤカエデやトチノキの大木も見逃せない。この辺りは、冷え込む季節になれば谷を覆い尽くす雲海が現れ、雲の上に浮かぶ峰々に息をのむ絶景ポイントとなる。神社からは5キロほどの車道を歩いて戻る。

（日本山岳ガイド協会正会員　加藤智二）

ガイドの目

梅雨時に登る場合、風通しの悪い樹林帯では体温がこもり、熱中症の危険も高まる。通気性の良い服装でのんびりと歩き、水分補給は喉がかわく前に小まめに。

蛇紋岩はもろく、雨でぬれると滑りやすい。登山靴は靴底のゴム質や形状と、地質などによってグリップ力が変わるが、どのくらい滑るか、頭脳と体でコントロールする経験が大切となる。

鬼岳稲荷神社手前や鍋塚休憩所まではマイカーで行くこともでき、体力に応じた登山も可能だ。

参考タイム

登山口（1時間10分）ー鍋塚分岐（20分）ー鍋塚（20分）ー鍋塚休憩所（30分）ー鳩ケ峰（40分）ー千丈ケ岳（30分）ー鬼岳稲荷神社（1時間30分）ー登山口

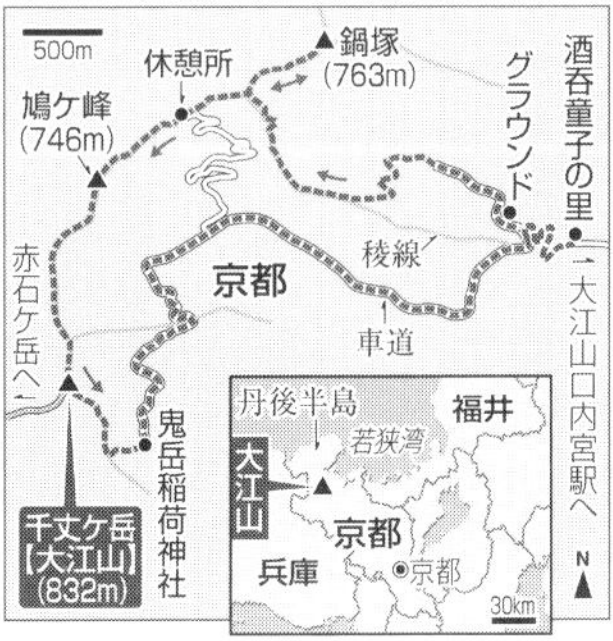

国土地理院2万5千分の1「大江山」「内宮」

55

大文字山

daimonjiyama

京都市民の山、送り火
雪山気分も

京都・京都市

465m

西山、北山、東山と三方を山並みに囲まれた京都市。その東山の中心がこの山である。お盆の8月16日夜、山の中腹に大の字をかたどって積み上げた割木《わりき》に火をつけ、送り火をたいて先祖の供養をすることで知られる。毎日のように登る人や小学校の遠足など市民に親しまれている山だ。登り口はいくつもあり、コースを変えて楽しめる。今回は南の山科をスタートし、西の銀閣寺に下るコースを紹介する。

ＪＲ山科駅東の高架をくぐり洛東高校へ。正門前の琵琶湖疏水《びわこそすい》に架かる安朱橋《あんしゅばし》手前を左折、左岸を京都方面に向かう。この疏水は明治維新後、東京に遷都されて沈んだ京都に琵琶湖の水を引き、水力発電で工場を興し、路面電車を走らせて古都の活性化の役割を果たした。安朱橋から2キロほど桜並木が続き、疏水脇の遊歩道はランニングやウオーキングの人を楽しませてくれる。秋の紅葉も疏水に色を添える。

天智天皇陵などを過ぎ、永興寺への黒岩橋を渡ると大文字山への登山道になる。小川のせせらぎを聞きながらよく踏まれた木立の中を行くと、ゆるい登りはやがて小川と別れ、山科からの毘沙門堂コースと合流。標識「左、大文字」に従う。

京都一周トレイル東山コースの「東山38」の標識がある「七福思案処」は日向《ひむかい》大明神と南禅寺への分岐点。右の大文字方面に登る。要所にはナンバーを付けたトレイルの標識があり、大文字山への案内もある。尾根の道はアップダウンを繰り返しながら滑りやすい泥岩質になるので、雨や雪の日は気を付けたい。「東山45」でトレイルを左に見送ると丁字路。ここから左へ。程なく大文字山頂上に着く。大阪方面の眺望が得られる。

送り火の「大」の字は山頂から30分ほど北西に下った場所にある。一本道だが、少し急でハイカーに踏み固められて滑りやすいので注意したい。視界が開けると「大」の字の火床の頭に出る。ここからは京都市街が一望できる。降雪後は雪化粧した古都を眼下に、小さな雪山気分を味わえる。下山は銀閣寺に出る。熊野若王子神社、南禅寺、蹴上《けあげ》方面に通じる小道は哲学の道と呼ばれ、四季を通じてにぎわう。

（日本山岳ガイド協会正会員　梶浦万智子）

大文字山

ガイドの目

歴史的、文化的施設に事欠かない京都だが、下山したら哲学の道の散策などいかがだろう。銀閣寺を過ぎ、東山の麓を南へ、琵琶湖疏水分流沿いの約1・8キロだ。哲学者西田《にしだ》幾多郎《きたろう》が散策、思索にふけったことから名づけられた。

疏水は山科から蹴上に落ち、一部は分流として北上、南禅寺の境内を通る。寺の景観を損なわない配慮で、頭上のアーチ形水路は周りの景色に溶け込んでいる。

降雪後の大文字山は、多くのハイカーで道が踏み固められているので軽アイゼンがあれば安心。

参考タイム

山科駅（45分）ー永興寺（30分）ー「東山38」（1時間15分）ー尾根丁字路（5分）ー山頂（30分）ー火床（45分）ー銀閣寺

国土地理院2万5千分の1「京都東北部」「京都東南部」

56

剣尾山

kenbisan

大阪・能勢町

784m

北摂の名山
歴史味わい展望楽しむ

大阪府北部地域を北摂と呼ぶ。この山はその中の能勢《のせ》の里に位置し、関西百名山に挙げられる北摂を代表する名山だ。かつて山上には山岳寺院「月峯寺《げつぽうじ》」があった。同寺の縁起によれば、900年余りにわたり栄えたが、戦国時代に兵火で焼失した。17世紀に山麓に再建され、戦時中は学童疎開の地になったという。

登山道はいくつかある。その中で、初心者や家族向きで、達成感も味わうことができ、歴史や自然、そして展望も堪能できる欲張り往復コースを紹介する。

能勢電鉄の山下駅から阪急バスを利用し、20分弱の森上バス停で下車。豊能自然歩道にて行者口バス停、玉泉寺（元は月峯寺の一坊、ユースホステルも兼ねる）を目指す。そこを過ぎ、ほどなくすると行者山の登山口。ここで最後のトイレを済まそう。

右手の登山道へ入る。傾斜は急だが、ジグザグに登っていくので、さほど疲労は感じないだろう。巨岩が点在し始めると行者堂へ到着。このあたりは奈良の大峰に対し「摂津大峰」と呼ばれる修行の場となっていた。行者山を過ぎ、炭焼き窯跡、六地蔵と進み、なだらかな台地が目の前に現れる。この付近が月峯寺跡で、しばし往時をしのぶ。本堂、鐘楼などの案内板が続き、最後のひと登りで山頂に出る。山頂広場は花こう岩が点在していて、岩上からは北摂の山々、篠山方面の多紀アルプス、六甲山系や京都の愛宕山などを望むことができる。標識があるので山々を確認しよう。時間的にも昼食としたいところだ。

下山は同じコースだが、景色が違うので、飽きは全く来ないだろう。階段状の下りや浮石が所々にあるので、膝のばねをきかせてゆっくり歩こう。行者山登山口を後にして森上まで戻る。行者口発の午後のバスは本数が限られるが、間に合えば、復路40分の歩行を省略できる。

近辺には能勢栗《のせぐり》、能勢米、マツタケ、ボタン鍋といった季節の味のほか炭が名産品である。季節ごとの山村風景も心を和ませることだろう。また町内には皇太子ご夫妻の結婚時、にぎわった小和田山がある。訪ねてみたいものだ。

（日本山岳ガイド協会正会員　荒木研一）

剣尾山

ガイドの目

雑木林が色づく11月ごろが素晴らしい。冬は日だまりハイキングが楽しめるが、念のため軽アイゼンを準備したい。新緑とツツジの時期は5月。

山中は水場やトイレがないので十分注意しよう。コースは一本道で「おおさか環状自然歩道」のサインが目印となる。

アクセスは山下駅から森上までのバス便はまずまずあるが、行者口バス停までは朝と午後のみ。

下山後の入浴施設は能勢温泉などがある。

参考タイム

森上（40分）－玉泉寺（25分）－登山口（30分）－行者山（1時間）－剣尾山（1時間10分）－登山口（1時間）－森上

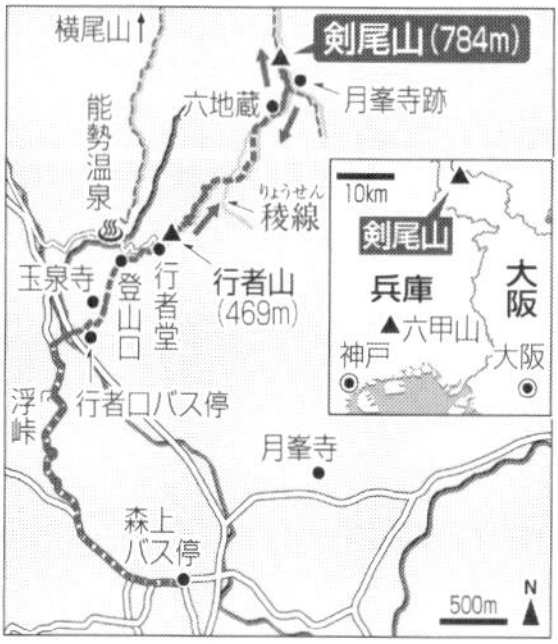

国土地理院2万5千分の1「妙見山」「埴生」

57

岩湧山

iwawakisan

風になびく銀穂の波
落ち葉踏み日だまり歩く

大阪・河内長野市

897m

大阪府と和歌山県境に横たわる和泉山脈の東部に、ススキなどのカヤトが雄大に広がる山だ。約7ヘクタールものカヤ場は「山焼き」で春を迎える。強い日差しの中、カヤがグングン背を伸ばす夏も良いが、秋から初冬、風になびく銀穂は格別だ。

南海高野線の河内長野駅からバスで終点の滝畑ダムへ。右手に川を見ながらしばらく道路を歩く。左手に駐車場とトイレがあり、その裏手から登り始める。すぐ現れる林道を横切り、杉の植林地を抜け、尾根上の「カキザコ」に出る。ここは小広くほっと一息つける。

晩秋の日だまりハイクが楽しめる落葉広葉樹の道が続く。落ち葉をカサカサと踏みしめて歩むと谷を挟んで見えるのが和泉山脈最高峰の南葛城山（922メートル）だ。

登山道を進むと明るく刈りはらわれた場所に出る。高圧線の鉄塔がたち、標高は750メートルほど。地図で位置を確認した後は、東に向って緩やかな尾根歩きが続く。登山道がススキの中を進むようになると頂上も近い。マイペースを保って木の階段を上ろう。一息入れて振り返るとレーダーが目立つ三国山が大きく見えることだろう。山名は大阪府（和泉国、河内国）と和歌山県（紀伊国）の国境上にあることからついたという。

山頂の肩の位置になる岩湧山西峰に着いたら、地図を広げて山の位置を確認する「同定」に挑戦してみよう。眺望は北に大きく開ける。空気が澄んでいれば明石海峡から神戸、六甲山、大阪の市街地から大阪府最高峰、葛城山（959メートル）と金剛山などが一望できる絶好の場所だ。このルートは50キロ近いダイヤモンドトレールの一部になる。

展望を楽しんだら紀見峠方面へ下る。樹林帯に入る手前、標高850メートルの鞍部には立派なバイオトイレが設置されている。岩湧寺へ下る分岐を過ぎ、阿弥陀山前分岐へ。和歌山県との境だ。南葛城山方面への道を見送ってダイヤモンドトレールを紀見峠へ進む。3合目の標識がある地点から越ケ滝方向へ標高差約300メートルを一気に下る。後は林道を川に沿って歩くだけだ。鉄道トンネルの横を過ぎ、橋を渡ると紀見峠駅に着く。

（日本山岳ガイド協会正会員　加藤智二）

岩湧山

ガイドの目

今回はスタートとゴールが異なる。晩秋から冬は木漏れ日があるが日は短い。暗いなか初めての場所を歩くことを避けるためにも早出・早着を心がけたい。ヘッドランプや帽子、手袋など防寒小物はすぐ出せるよう雨ぶたやザックの上部に収納し、小まめな行動食と水分の補給をしよう。

分岐点が多いので道標と地図の確認作業はまめに行いたい。下山は3合目分岐から一気に高度を下げる。疲れが出やすい後半なのでスリップに気をつけ転倒を避けよう。

参考タイム

滝畑ダムバス停（35分）ーカキザコ（1時間50分）ー山頂（45分）ー阿弥陀山前分岐（40分）ー3合目分岐（30分）ー林道（30分）ー紀見峠駅

国土地理院2万5千分の1「岩湧山」

58

雪彦山

seppikosan

兵庫・姫路市

915m

「日本三彦山」の一つ スリリングな岩場も

弥彦山《やひこやま》（新潟県）、英彦山《ひこさん》（福岡県、大分県）と共に「日本三彦山」のひとつ。観光地化せず、一般的な知名度では劣るが、今は関西でも有名なロッククライミングの山だ。かつての修験道の地らしく岩場に沿ったコースで場所によりスリリングな山登りが楽しめる。

登山口の雪彦山キャンプ場へは、JR姫路駅から神姫バスで山之内下車、そこから3キロ余り歩く。マイカー利用が便利だ。キャンプ場の横から杉の林の中、急登の登山道に取り付く。ゆっくりと登ろう。空が開けてきたら峻険《しゅんけん》な峰々が良く見える展望岩。一息つこう。

針葉樹と広葉樹の尾根道から斜面につけられた道へ。小さな沢を横切るので、丁寧に慌てず進むと、大きくひさしを張り出した巨大な出雲岩が現れる。くさりやロープが付いた岩溝を登ると出雲岩の上に出る。見晴らしの良い「覗岩《のぞきいわ》」からは播州平野が一望できる。

登山道は安定しているが、柵などは無い。「セリ岩」をすり抜けると「馬の背」だが、巻き道を通ることもできるので無理せずに。登り切ると祠《ほこら》のある811メートルの洞ケ岳だ。ここは麓から見えていた岩峰群の最高地点「大天井岳」でもある。

雪彦山はこの洞ケ岳と、これから向かう三辻山、鉾立山の総称とも言われる。三角点は三辻山にあり、国土地理院はここを雪彦山としている。

洞ケ岳から北西にアップダウンを繰り返して雪彦山に至るが、眺望にはあまり恵まれない。そこからルート上の最高峰、鉾立山（約950メートル）を目指す。初夏の頃はアケボノツツジが美しい所だ。右に下る登山道を分けるが、これはくさりや木の根の急下降が続く道なので見送る。鉾立山を過ぎた先で、虹ケ滝に向って沢沿いの道を下ろう。下るにつれ美しい川の流れが楽しめるが、所々に現れるぬれた岩は慎重に。虹ケ滝の右側を下り、滝下で対岸に渡って、沢筋から離れ、よく整備された登山道を進む。登山口へ戻る沢筋の道を右手に見送り、林道に出て下ると、修験信仰を支える賀野《かや》神社だ。そのまま下り、道が大きくカーブするところからは洞ケ岳の岩峰群が一望できる。

（日本山岳ガイド協会正会員　加藤智二）

雪彦山

ガイドの目

赤ペンキがつけられルートは明確だが、コース上には岩場が多い。くさりやロープの利用は補助と考え、足元の足がかりを見逃さずに、登山靴の足裏で立って登ろう。

素晴らしい展望を得られる岩場には柵があるわけではないので記念撮影には注意してほしい。気温の高い時期は山ヒルが多くなった。不用意にヤブに入り込まないほうが無難だ。用心のため忌避剤や塩を準備すると安心だ。

帰途、夢前川《ゆめさきがわ》を下った温泉で汗を流すのもいいだろう。

参考タイム

登山口(30分)ー展望岩(40分)ー出雲岩(40分)ー洞ケ岳(40分)ー雪彦山(30分)ー鉾立山(1時間)ー虹ケ滝(30分)ー賀野神社(30分)ー登山口

国土地理院2万5千分の1「寺前」

59

虚空蔵山

kokuzosan

六甲山一望し丹波味わう
舞桜めで、陶器の里へ

兵庫・三田市
篠山市

592m

近代登山発祥の地、兵庫県には、神戸の海を望む六甲山から、日本海を眼下にする山まである。この虚空蔵山は、全山縦走56キロといわれる六甲の山並みを一望し、豊かな丹波の里を味わえるファミリー向きの山だ。

山名の由来の虚空蔵菩薩《ぼさつ》は、広大な宇宙のような無限の知恵と慈悲を持った菩薩として信仰され、全国には同じ名のピークは数多い。兵庫県三田市と篠山市の境にあるこの山の中腹にも虚空蔵堂があって歴史を感じられるだろう。

登山口は、JR福知山線の藍本《あいもと》駅からすぐなのがありがたい。2本の登山道を選ぶことができるが、どちらも中腹の虚空蔵堂手前で合流する。由緒ある酒滴《さかたれ》神社を通るコースは次回に取っておき、駅を出て右に進もう。桜の季節なら「舞桜《まいざくら》」を見るコースがお勧めだ。美しい桜の古木を前に、笑顔になるに違いない。

石仏に見送られて山道を進み、傾斜が緩くなると酒滴神社からの道に合流する。石段を上れば虚空蔵堂だ。かつては本堂以外に七つの伽藍《がらん》があったらしく、休憩するのにちょうど良い空間が広がる。

登山道はお堂の右側にある。急な部分は慌てず歩こう。しばらく登ると立杭焼《たちくいやき》で有名な篠山市今田町からの登山道と合流する。木々の間には立杭の里も望めるだろう。頂上へは右に進むが、このあたりから視界が開け、眺めの良い岩場があるので、ぜひ立ち寄ってみよう。天気が良ければ南南西の方向に明石海峡大橋が見えるはずだ。コンパスの方位で200度あたりなので確かめてみよう。

登山道まで注意して戻れば頂上まではあと少しだ。明石大橋の左手には六甲山が長々と横たわっている。

下山は登ってきた道を引き返し、陶器でできた道標が立つ分岐を立杭へ下ろう。日本六古窯のひとつ、立杭焼の窯元の作品を一堂に見ることができる「陶の郷《すえさと》」で、気に入った器を買うのも良いだろう。「陶の郷」からは神姫《しんき》バスでJR相野《あいの》駅まで戻ることができる。

（日本山岳ガイド協会正会員　加藤智二）

虚空蔵山

ガイドの目

ピークを目指すばかりが登山ではない。地元の人と触れ合うのもいいだろうし、それも里山の魅力だ。ひと声、あいさつをしてみてはいかがか。

登山道は整備されているが、山仕事の踏み跡などが交錯するのも低山の特徴。侮らず道路から山道に踏み込む前に地図を広げて現在位置を確認。地図もコンパスも迷ってから取り出すものではないことをお忘れなく。

見晴らしの良い場所からの展望を確認することは安全登山の第一歩。リーダーがひと声かければ、山歩きが充実すること間違いなしだ。トイレは駅と陶の郷の2カ所。

参考タイム

藍本駅（15分）－舞桜・登山口（1時間）－虚空蔵堂（30分）－立杭の里分岐（20分）－虚空蔵山（1時間）－立杭「陶の郷」

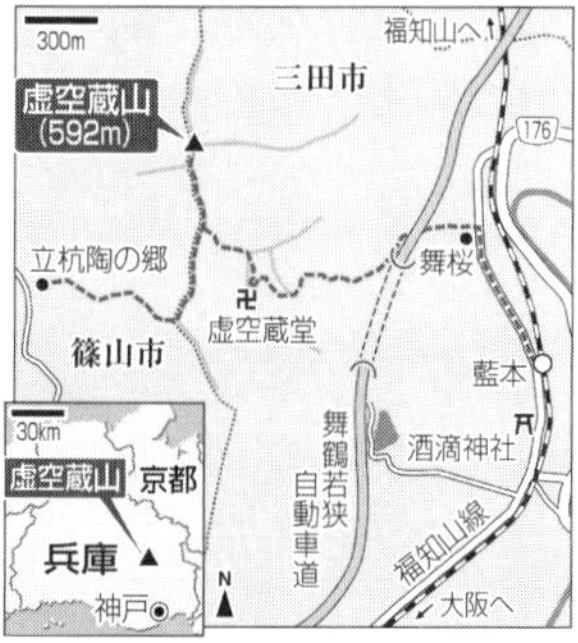

国土地理院2万5千分の1「藍本」

60

高取山

takatoriyama

歴史とロマンを味わう
日本三大山城、高松塚も

奈良・高取町

584m

山には「日本三大山城」の一つ、高取城址《たかとりじょうし》があり、残された石垣が今も壮大さをしのばせる。麓の植村氏2万5千石の城下町、高取は古くから「薬の町」として名高い。山を下りて歩けば高松塚古墳もある。歴史とロマンのコースを楽しもう。

近鉄吉野線、壺阪山《つぼさかやま》駅で下車し、バスで約10分の終点壺阪寺で降りる。壺阪寺は西国霊場6番札所で目の病に御利益があるといわれている。お参りを済ませて入り口の階段から道標に従い歩きだす。車道と山道が交互に続くので道標を見過ごさないように注意しよう。

途中の五百羅漢の見物には周遊路をお勧めする。岩肌に無数の仏様が彫られておりその姿は圧巻である。広く歩きやすい道を行くと八幡神社参道の入り口。ここからいよいよ石垣が続く。ほどなく三の丸跡の三差路。この先が大手門で、吉野口などからの道がまとまる。二の丸を過ぎ本丸へ。本丸跡の広場が高取山頂だ。桜、モミジの古木の間から、南に吉野、大台、大峰を望むことができる。二の丸は城内で一番日当たりがよく平場なので、藩主の屋敷や行政庁があったようだ。

休憩を済ませたら、先ほどの三差路から猿石へ向かって下る。途中余裕があれば左へ少しそれ、国見櫓《やぐら》跡から大和平野の展望を楽しもう。猿石は飛鳥地方に数ある謎の石造物の一つといわれている。

これより右へ道をとり竹林の中を抜け、樹林帯を下ると栢森《かやのもり》。飛鳥川沿いに稲渕《いなぶち》への緩やかな下りの車道を歩くが車には十分注意されたい。勧請橋《かんじょうばし》を渡り、通称案山子《かかし》ロードに入る。棚田の田園地帯を過ぎ朝風峠《あさかぜとうげ》、次に目指すは高松塚古墳。分岐には道標があるのでチェックは忘れずにしよう。この古墳は7世紀末から8世紀初めに描かれた壁画で有名。ご存じの方も多いだろう。最後のひと歩きで近鉄飛鳥駅に到着する。振り返ると、がんばって歩いてきた高取山の全景を見渡すことができる。

飛鳥京、藤原京が置かれたこの地には、日本最大級の横穴式石室「石舞台古墳」や古代史の舞台となった「甘樫丘《あまかしのおか》」をはじめ、下山後も見どころがいっぱいである。

（日本山岳ガイド協会正会員　荒木研一）

高取山

ガイドの目

一年を通して登山は可能。冬場は特にバス便が少なくなるので、タクシーを利用するか駅前から土佐街道（土佐の国から移り住んだ人が多かったことからこう呼ばれる）を過ぎ、壺阪寺の参道を歩くこともできる（1時間10分）。

紹介したコースは後半が長丁場のウォーキングコースとなる。また下山後の史跡巡りにはレンタサイクルを利用する方法もある。

参考タイム

壺阪寺（1時間10分）—高取山（15分）—猿石（40分）—栢森（30分）—稲渕（1時間）—高松塚古墳（25分）—近鉄飛鳥駅

国土地理院2万5千分の1「畝傍山」

61

三峰山

miuneyama

輝く霧氷に会える山
春はツツジ、秋には紅葉

奈良・御杖村

三重・松阪市 津市

1235m

全国には三峰とつく山は数多い。この山は奈良県と三重県の県境にある。古来このあたりは伊勢と奈良、京都を結ぶ重要な交易路だったらしい。現代の登山のメーンコースは御杖側から。寒さが厳しい1月から2月には霧氷が美しく輝き、週末は登山者でにぎわう。西日本上空まで大陸の寒気が南下すれば、北西の風が吹き込む。防寒対策を万全にして輝く〝クリスタル〟に会いに出かけよう。標高千メートル程度の山だからといって、この季節は甘く見ず、ニット帽や手袋、防風防寒着、滑り止めのアイゼンを忘れないように。

登山口、御杖村へは近鉄榛原《はいばら》駅から奈良交通バスで行く。例年1月の成人の日前後から臨時運行されるバスを利用するのもいい。

今回のコースはバスの終点、みつえ青少年旅行村から少し道を戻り、大タイ谷沿いの林道を歩いて行く。登り尾コースを右に見送って逆光に輝く不動滝に立ち寄った後、スギ林の斜面をしばらく登る。尾根に出てひと登りすると登り尾コースと合流。避難小屋があるので覚えておこう。

この付近からいよいよ自然林が始まる。ブナ、ヒメシャラ、リョウブなど個性豊かな樹形は霧氷で満開だ。三畝峠《みうねとうげ》からは緩やかな登りで三峰山の頂上に着く。小広く開けた頂上の北側には曽爾《そに》高原と倶留尊山《くろそやま》が見える。天気が良くのんびり休憩するなら、一度南に向かい広々とした八丁平で昼食をとるのが良い。

下山は三畝峠まで引き返そう。高見山の鋭峰を正面に見ながら新道峠《しんみちとうげ》を目指す。赤銅色の樹肌が美しいヒメシャラの林が目立つ西に延びる尾根を下っていく。峠の大日如来も雪に埋もれているだろう。道標に従ってみつえ青少年旅行村に向かう。植林地に入れば舗装道路はすぐそこ。のんびり歩けばバス停だ。

5月、優しい色合いのヤシオツツジ、6月は白花のゴヨウツツジ、秋の紅葉など四季を通じて楽しい。帰りに道の駅「伊勢本街道御杖」でひと汗流すのも良いだろう。

（日本山岳ガイド協会正会員　加藤智二）

三峰山

ガイドの目

冬期に運行されるバスは近鉄榛原駅から朝の2便、みつえ青少年旅行村から夕の2便だけなので注意が必要だ。

気温が低いことに加え、稜線《りょうせん》では強風時には体温が奪われる。雨や雪以外でもレインウエアを活用しよう。重要な器官である頭部や頸部《けいぶ》は体温が逃げやすい。ニット帽やネックウオーマーの着用と共にフードをかぶるのが効果的。手袋も必要だ。保温ボトルの温かい飲み物が休憩時にはありがたい。

雪山初心者が冬の山を経験するには向いているが、不安を覚えたら潔く引き返そう。スリップ防止のため、アイゼン着用の有無にかかわらず小股で丁寧な足さばきを心掛けよう。

参考タイム

みつえ青少年旅行村（30分）－不動滝（50分）－避難小屋（30分）－三畝峠（20分）－三峰山（1時間）－新道峠（40分）－林道終点（50分）－みつえ青少年旅行村

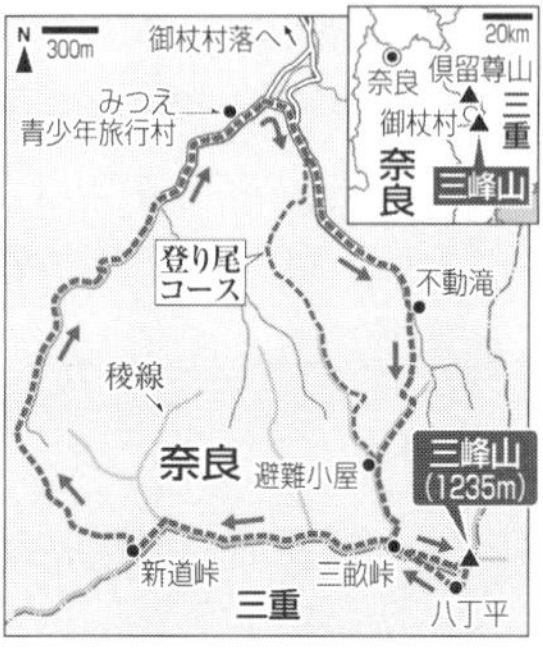

国土地理院2万5千分の1「菅野」

62

高野三山

koyasanzan

開創1200年、歴史の山
世界遺産、四季の自然も

平安時代に弘法大師空海によって開かれた真言宗の聖地、高野山は2015年、開創1200年を迎えた。そこはハスの花に見立てられ、外八葉《そとはちよう》・内八葉《うちはちよう》と呼ばれる山々に囲まれた清浄な修行の地であり、今も多くの人々にとって信仰の柱となっている。

世界遺産に登録された現代の高野山は、豊かな自然と歴史を訪ねる山としても多くの人々に愛されている。3月下旬には真っ白なタムシバが芽吹き、呼応するように足もとを白からピンクまでのショウジョウバカマが飾る。楊柳山《ようりゅうさん》付近の山桜は大型連休近くに山を彩り、梅雨には水際の木にモリアオガエルの卵。森は山アジサイの青に染まる。夏休みには奥之院の参道でムササビ観察。秋の紅葉、冬は雪遊び。大人から子どもまで楽しめる。

和歌山
・
高野町
九度山町

摩尼山
1004m
楊柳山
1009m
転軸山
915m

中でも今回紹介する摩尼山、楊柳山、転軸山は高野三山と言われ、まるでお大師様の御《ご》廟《びょう》を守るように奥之院を取り囲んでいる。現在、多くの人が楽しむこの登山道は「女人道」と言われており、高野山が女人禁制だった時代、山内へ入れない女性たちがそこから御廟や伽藍《がらん》を拝んだという。

南海高野線極楽橋からケーブルで高野山駅へ。バスに乗り換え、奥の院前で下車。中の橋から奥之院方面へ。摩尼山登山口から杉の造林地を川に沿って進み、やや急な坂を上がると摩尼峠。祠《ほこら》を右に見て、少し急な道を行くと摩尼山頂に着く。

山頂から見えた楊柳山を目指す。気持ちの良い杉の木立の穏やかな尾根道は歩きやすく、木々の間から楊柳山が招くようだ。しばらくして急坂を少し下れば黒河峠《くろことうげ》。お地蔵さんを右に見て進み、急な登りを上がりきれば、楊柳山の山頂だ。自然林に囲まれた気持ちの良い広場で、柔らかな緑に癒やされるだろう。

楊柳山から子継峠《こつぎとうげ》へは緩やかに下る。子継峠をなおも下り、優しい流れの川に沿って進み、舗装道路を渡れば転軸山入り口だ。クロモジの茂る山道を上がっていけばやがて杉の木立に囲まれた山頂に到着。弥勒菩薩《みろくぼさつ》の祠を背にして右へ下り、鳥の池から中之橋霊園へ。時間があれば、ぜひ弘法大師廟へも。

（日本山岳ガイド協会正会員　伊藤幸子）

ガイドの目

三山の標高は915メートルから1009メートルだが、高野山と言われる地域自体が800メートル前後なので、あまり苦労せず登ることができるだろう。

ただ、どの山も頂上直下が急勾配。また、冬は積雪次第で除雪車が出るほどなので、天気の情報を確かめて行った方がいい。3月下旬以降は雪の心配はあまりない。

高野山は森林セラピー基地に認定され、さまざまなセラピープログラムが用意されている。問い合わせは「高野山寺領森林組合」、電話0736(56)2828へ。

参考タイム

中の橋(10分)－摩尼山登山口(25分)－摩尼峠(30分)－摩尼山頂(40分)－楊柳山頂(1時間)－転軸山入り口(15分)－転軸山頂(40分)－中の橋

国土地理院2万5千分の1「高野山」

63

真妻山

mazumayama

和歌山・日高川町 印南町

523m

サザンカ彩る日高富士 山麓は紀州備長炭の里

紀伊半島は山また山である。和歌山県中部、御坊市の奥にそびえるこの山は、端正な姿から日高富士と呼ばれる。山頂は広く芝生で覆われ、真冬にはサザンカに彩られる1等三角点を持つ展望の山だ。

珍しい山名である。登山口の大滝川森林公園の手前の地区には丹生《にう》神社がある。丹生とは水銀に関わる名で、水銀を採取する人が祭る真妻大命神とも呼ばれる丹生都比売《にうつひめ》神の姫神が、この山の頂に降り立ったという神話から真妻山の名が付いたそうだ。

適当な公共交通機関がなく、登山口にある2カ所の駐車場までマイカーかタクシー利用となる。駐車場からもみじ谷に向かう。涼みの滝が現れるまで谷筋を進んだら左の斜面へ。

その先には徳本上人初行洞窟が大きく口を開けている。近くには大滝川を見下ろす展望所があり、一息入れよう。登山道はここから部分的に鎖を張った急傾斜地を横切る。ジグザグに登る斜面にはウバメガシやコナラが多い。標高差約150メートルを登ると傾斜が緩み、この辺りから展望を楽しめる。

ひと登りすると、標高450メートル弱の、やや開けた肩の部分に出て、道は南へ向きを変える。最後の急斜面を登ると広々とした真妻山の頂上だ。振り返ると、白く光る風力発電プロペラの立ち並ぶ稜線《りょうせん》が目に飛び込む。頂上の西端には観音堂があり、御坊の町並みから紀伊水道を望む。東側は墨絵のようにうねり重なる高野山から釈迦ケ岳の山々。山の国、日本を実感できるだろう。広い山頂からは東西南北へ登山道がのびる。下山は方向を誤りやすいのでコンパスで確認し、東にのびる尾根を下りる。しばらく歩くと石垣と薬師如来堂に出合う。ここで緩やかな稜線を離れ、北へ向かう尾根に入る。25メートルほどの滝を回り込み、杉の植林に出ると、車道のある大滝川はすぐだ。

「お滝さん」と慕われる御滝神社に参っていく。参道を少し下ると落差14メートルの立派な大滝が姿を見せる。神社から車道を川沿いに下る。生産量日本一という日高川町の紀州備長炭の炭窯が点在しているのを目に進めば駐車場に着く。

（日本山岳ガイド協会正会員　加藤智二）

真妻山

ガイドの目

温暖な紀州とはいえ、真妻山の頂上は芝生で風が吹き抜ける。冬は風対策として、防風性のあるレインウエアなどを用いよう。運動と休憩を繰り返す山歩きでは自分の体温を維持するため小まめに衣類調節を行いたい。

里山には山仕事の踏み跡があるのは当たり前。目印のテープなどに惑わされず、出発地や分岐点では地図とコンパスを取り出して確認する習慣を身につけよう。山歩きの世界が広がり、楽しくなるだろう。

参考タイム

大滝川森林公園駐車場（40分）—徳本上人初行洞窟（1時間30分）—山頂（20分）—薬師如来堂（1時間）—大滝川沿い道路（10分）—御滝神社（40分）—大滝川森林公園駐車場

国土地理院2万5千分の1「古井」

64

擬宝珠山

giboshiyama

鳥取・江府町

岡山・真庭市

1110m

自然保護の原点から出発 象山頂上は圧巻の眺望

この山の鳥取県側のふもとに広がる標高約930メートルの盆地状の湿原、鏡ケ成《かがみがなる》は日本の自然保護運動の原点となった地である。

1966年8月、鏡ケ成で第8回国立公園大会が開かれ、ここで自然保護憲章制定促進の決議を採択。74年の憲章制定につながった。当時は高度成長期で日本中が開発一色に染まる中、「国立公園の自然破壊を考えない大会はあり得ない」と地元の登山愛好者らが現状を訴えたという。

「休暇村奥大山」レストハウス前の広々とした草原の中に、「自然保護憲章発祥の地」と刻まれた大きな石碑が立つ。

鏡ケ成は、中国地方の盟主、大山《だいせん》の南にあり、西日本で最も遅い4月上旬までスキーが楽しめる豪雪地帯だ。ここを囲む烏ケ山《からすがせん》、象山《ぞうやま》（1085メートル）、擬宝珠山のうち、この山と象山に登ろう。休暇村駐車場に車を置き、南にそびえる擬宝珠山を目指す。石碑の向かい、レストハウス右手が登山口。草原を抜けてすぐにブナの森へ入り、ジグザグの遊歩道を登り詰めると、30分ほどで山頂だ。山頂地帯は岡山県との県境にもあたる。

次は反時計回りに、もうひとつのピーク、象山へ。山頂から尾根道をまっすぐ北へたどると、カタクリの大群生地。5月1日の山開きのころ満開となり、多くの登山者が訪れる。

スキー場リフト終点を左に見ながら、いったん鞍部《あんぶ》まで下ろう。約20分で分岐の鞍部となり、左は休暇村方向、象山へはそのまま直進して丸太の階段を進む。次第に急登になるが、景色を楽しみながら、のんびりゆっくり登ろう。鞍部から登り返して30分。360度の眺望が広がる象山山頂から見る擬宝珠山、烏ケ山、大山の雄姿は圧巻だ。下山は新小屋峠方向へ。途中の分岐を左にとり、山頂から30分ほどで休暇村へと戻ることができる。

休憩やトイレ、日帰り入浴は休暇村を利用。併設のキャンプ場もあり、夏休みは大勢の家族連れでにぎわう。米子市内から約1時間。マイカー利用が便利だが、休暇村宿泊者は最寄りの駅から送迎がある。

（日本山岳ガイド協会正会員　村上伸祐）

擬宝珠山

ガイドの目

鏡ケ成には休暇村以外の施設はないので、トイレや水分の調達は登山前に休暇村で済ませよう。

道標が多く、快適な遊歩道だ。小さな子どもでも安全に登ることができるが、雨にぬれた歩道は滑りやすいので注意。

登山後はぜひ、休暇村わきの湿原遊歩道に足を運んでほしい。7月〜8月はノハナショウブ、ハンゴンソウ、オカトラノオ、オオバギボウシなどが咲き乱れ、秋にはマツムシソウも楽しめる。1周30分ほど。かれんな花々に癒やされるだろう。

参考タイム

休暇村駐車場（30分）—擬宝珠山山頂（20分）—鞍部分岐（30分）—象山山頂（15分）—新小屋峠分岐（15分）—休暇村駐車場

国土地理院2万5千分の1「伯耆大山」

65

那岐山

nagisan

緑の渓谷から眺望の頂へ 地味でも紅葉が美しい

鳥取・智頭町

岡山・奈義町

1255m

鳥取と岡山の県境に位置し、地味ながら紅葉が美しい山だ。眺望に恵まれ、山名はイザナギノミコト由来説がある。登山道は両県側にあるが、今回は鳥取側のコケの緑が美しい西仙《さいぜん》・渓谷コースを登り、ササ原に覆われた稜線《りょうせん》を歩き、東仙《とうぜん》コースを下る。

アクセスはマイカーが便利だ。国道53号から県道へ入り、JR因美線のガードをくぐり左折。踏切を渡って3キロほど進んだ辺りの「おおはた橋」が登山口となる。

看板に従って林道を上流に向かう。その先でコースは二手に分かれるが、右の西仙コースへ。杉の美林が見事だ。15分ほどで林道と別れて登山道に入る。よく踏まれた道を行くと右に尾根コース、左に渓谷コースの案内が出てくる。どちらも馬の背避難小屋に至るが、今回はカツラの老木のある美しい沢沿いを行く。

さまざまな色合いのコケに覆われた道は、途中何度か小さな流れを渡る。清らかな水の流れに触れ、軽やかな小鳥のさえずりを楽しみながら進むと目の前にカツラの老木が現れる。秋にはかぐわしい黄金の落ち葉を敷き詰めることだろう。巨岩が見えてきたら渓谷コースも終盤。かわいい滝の先で右手の尾根に向かうと、清潔な馬の背避難小屋に着く。標高922メートル地点で、ここで尾根コースと合流する。

この先の尾根道はなだらかに始まるが、すぐにクサリが付く急登となる。標高千メートル付近からはブナやミズナラなどの落葉広葉樹の美しいトンネルとなる。ササが多くなり空が大きくなるとトイレを併設した休憩所「那岐の家」は近い。

那岐山の山頂までは明るいササに覆われ、巨岩も顔を出す稜線の道となる。避難小屋を過ぎると360度の眺望をほしいままにする頂上はすぐだ。天気が良く、空気が澄む季節には西に大山、東に氷ノ山《ひょうのせん》を望む。

下山は稜線を東へ。途中、岡山側のコースを右手に見送る。標高千メートル付近は美しいブナ林の道だが、多くは丸太で止めた急な階段状の道なので、膝を痛めないようゆっくり下ろう。やがて西仙コースに合流、登山口に戻る。


（日本山岳ガイド協会正会員　加藤智二）

那岐山

ガイドの目

沢沿いは登山道が不明瞭になりやすい。こけむし、ぬれた岩や石への注意に加え、視野は広く。流れを横切る地点では対岸の目印やふみ跡を確認すること。大雨直後や激しい降雨時は、安全な尾根コースに変更しよう。

丸太の階段は歩きにくい。だが土砂流出を防ぐため、できるだけ登山道を外れないように。

古い地図には那岐の家のある三角点を那岐山としているので注意。

JR那岐駅手前にある「タルマーリー」の天然酵母パンがおいしい。カフェも併設している。

参考タイム

登山口（1時間）ー馬の背避難小屋（40分）ー那岐の家（20分）ー山頂（50分）ー林道分岐（40分）ー登山口

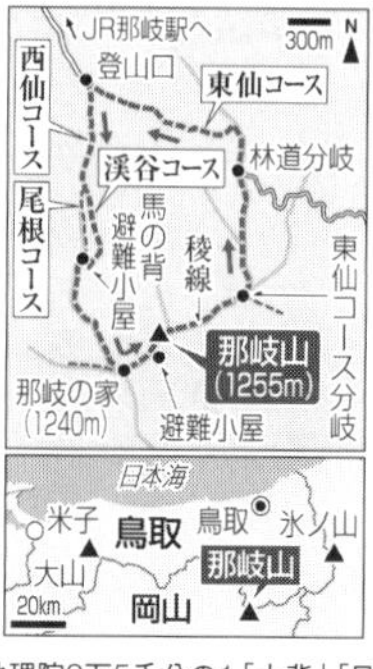

国土地理院2万5千分の1「大背」「日本原」

66

大満寺山

daimanjisan

島根・隠岐の島町

608m

隠岐最高峰、静かな山旅
歴史の島、固有種の花々

冬は暗い日本海も、初夏には緑色を加えた優しい青になる。山陰沖の穏やかな海に浮かぶのが、大小いくつかの島からなる隠岐だ。後醍醐天皇が流刑された歴史の島であり、その最高峰がこの山。江戸時代には北前船の目印になったといわれ、静かな山を楽しめる。

約1万年前に離島となった隠岐には日本の成り立ちが分かる地質、固有の生態系などがあり、世界ジオパークに認定された。ピンクの濃淡の花を咲かせる固有種のオキシャクナゲの自生地を縫い、柱状節理の大岩壁、屛風岩を眺め、樹齢800年という乳房《ちち》杉《すぎ》をめぐるコースを紹介する。ただ、島の低山などと高をくくると苦労するだろう。

公共交通機関が乏しいので、レンタカーを使う。隠岐国分寺方面から有木《あらき》川《がわ》に沿った林道を3キロ近く進み、堰堤《えんてい》の先、右手の尾根の先端が登山口だ。分かりにくいが、お地蔵様が目印になる。軽自動車3〜4台程度の駐車スペースがある。

細尾根の取り付きからいきなり急登となる。ただ樹木の説明板があり、要所では赤い布をまとったお地蔵様が迎えてくれる。歴史を感じさせる登山道だ。小さな沢を渡るとほどなく山名の元となった大満寺の荒れ果てたお堂に出る。ここまで標高差約250メートル。敷地には水が引いてある。お堂右手から再び樹林帯を登り、奇妙な形をした窓杉が現れると、大満寺山の肩は近い。乳房杉からの登路がここで合流する。肩から左へ稜線《りょうせん》をたどる。急登にひと汗かき、周囲が岩だらけになると1等三角点のある山頂だ。隠岐水産高のレリーフがある。七つの海に出る水産高らしく世界の主要都市の方角が刻まれている。西郷湾、島後《どうご》の山並み越しに島前《どうぜん》の島。海と空が一体となった島の山ならではの景観だ。

山頂から先へ、滑りやすい急坂を下る。下りきった林道の反対側に鷲ケ峰の登山口がある。標高555メートルの三角点のピークまで往復する。進むにつれてオキシャクナゲが目立つだろう。ピークは屏風岩のビューポイントだ。林道に戻り、左へ10分ほどで乳房杉。巨木の姿形に風雪に耐えた時間が漂う。大満寺山の肩へ戻る登山道へは、乳房杉の先から入る。肩からの下山は道の判読力を試される。

（共同通信編集委員　小沢剛）

大満寺山

ガイドの目

低山だが、侮ってはならない。静かな山は、登山者が少ないことの裏返しであり、落ち葉の積もった登山道は道迷いを起こしかねない。また、鷲ケ峰三角点の先に屏風岩を目前にする景観点があるが、岩場を数カ所越えねばならない。ロープが張られているものの、切り立った細尾根で要注意だ。

鷲ケ峰登山口まで車で来て大満寺山を約1時間で往復する手もある。下山後に奇岩、トカゲ岩に回ろう。国の天然記念物カラスバトはじめ隠岐固有の動植物は多彩だ。

参考タイム

登山口（50分）－大満寺（25分）－肩（15分）－大満寺山頂（15分）－林道（30分）－鷲ケ峰三角点（30分）－林道（10分）－乳房杉（15分）－肩（45分）－登山口

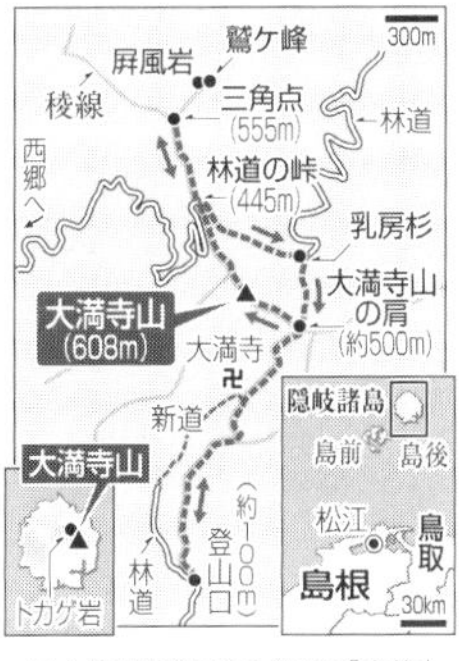

国土地理院2万5千分の1「布施」

67

三瓶山

sanbesan

草原に立つ優美な独立峰
島根の名山、麓に温泉も

島根・大田市

1126m

島根県で最も有名で人気の山だ。周囲から眺めると日本海へ向かってそびえ立ち、ブナやミズナラの自然林と麓の草原が美しい。中国地方で大山に次ぐ人気である。

数千年前に噴火した火山で独立峰。中央の火口原を囲む峰々がなんとも優美である。主峰の男《お》三瓶《さんべ》山《さん》から時計回りに女《め》三瓶《さんべ》山《さん》（９５３メートル）、太平山（854メートル）、孫三瓶山（９０３メートル）、子三瓶山（９６１メートル）と続く。火口原には室内池《むろのうちいけ》と国の天然記念物、三瓶山自然林がある。付近には南の原の三瓶温泉をはじめ、いい温泉がある。アプローチは車利用が便利。山陰側から県道56号や30号、山陽側は浜田道大朝インターから国道２６１号、中国道三次インターから国道54号などで山麓に至る。

男三瓶山へは、北の原の三瓶自然館サヒメル駐車場からの姫逃池《ひめのがいけ》コースと青少年交流の家前からの名号コースが最も登られている。それぞれ原生林を縫って1時間半から2時間で登れる。この2コースを周遊するか、または男三瓶山から女三瓶山へ縦走し、北の原に下山するのも人気だ。今回は、ファミリーにはややきつめだが、欲張って西の原から男三瓶山に登り、子三瓶山まで火口原をほぼ一周するコースを紹介する。6時間かかるので水と行動食は十分に準備しよう。西の原には駐車場とトイレがある。ここからススキの草原を東に登る。標高554メートルの分岐で子三瓶山、北の原への道と分かれ、ジグザグの登りとなる。標高800メートルあたりから麓の眺望が広がり、実に気持ちがいい。標高千メートルを過ぎるとなだらかになり頂上へ向かう。山頂は広く整備され、ベンチ、周囲の山の案内板がある。避難小屋もあり荒天時には助かる。

女三瓶山に向かおう。犬戻しと呼ばれるガレ場を通過して下っていくと子三瓶山や孫三瓶山、室内池の眺望が美しい。兜山を過ぎ鞍部から登り返すとアンテナが林立する女三瓶山頂上だ。歩を進め、太平山の鞍部まで下ると東の原からスキー場のリフトが来ている。太平山から孫三瓶山を過ぎ、大きな子三瓶山を越えて下った扇谷分岐の峠から西の原に戻る。全山を縦走した達成感とともに南の原の三瓶温泉に向かおう。

（日本山岳ガイド協会正会員　松島宏）

三瓶山

ガイドの目

三瓶山は周囲の複数のコースから登ることができる。体力に応じてルートを選ぼう。トラブル発生時にはそれらのコースをエスケープルートとすることも可能だ。

北の原は姫逃池のほか県立自然館サヒメルや国立青少年交流の家などの施設が集まり、男三瓶山の登山口だ。南の原は三瓶温泉があり、孫三瓶山への登り口。東の原と西の原は草原が広がる。東の原のスキー場からは夏場もリフトを使い、最短で稜線《りょうせん》にアプローチできる。西の原の「定めの松」は男三瓶山と子三瓶山への登山口の目印だ。

参考タイム

西の原（2時間）―男三瓶山（40分）―女三瓶山（30分）―太平山（1時間）―孫三瓶山（1時間）―子三瓶山（50分）―西の原

国土地理院2万5千分の1「三瓶山東部」「三瓶山西部」

68

大万木山

ooyorogiyama

島根・飯南町
雲南市

広島・庄原市

1218m

ブナの森と豊かな湧き水
寝仏山、県民の森のシンボル

島根と広島の県境に位置するが、主な登山道は島根県側にある。仏像が横臥《おうが》しているような山容から寝仏山とも呼ばれ、島根県民の森のシンボル的存在だ。緑あふれるブナの森と豊かな湧き水が夏の登山を癒やしてくれるだろう。

アクセスはマイカーが便利。国道54号の頓原《とんばら》から向かう。門坂《もんざか》駐車場から滝見ルートを上り、時計回りに渓谷ルートを下るコースだ。

駐車場から少し戻り、沢の流れを見ながら登山開始。気温の高い季節は急がずに。樹林の間に権現滝が見えるので、左手に下って寄ってみよう。登山道に戻ると、先に避難小屋がある。沢の流れを見送って尾根に出ると地蔵尊展望台だ。ここからは西に三瓶《さんべ》山《さん》、北に宍道湖《しんじこ》、東には県境の稜線《りょうせん》と毛無山が望める。

さまざまな樹形のブナを楽しみながら頂上へ向かおう。その手前の標高1150メートル付近には湧水があり、ほてった体に心地よい。ブナに覆われた頂上は広く、ベンチもあるが展望は良くない。北に100メートルほど登山道を下った左手にある「タコブナ」にはぜひ立ち寄りたい。タコの足のように幹の途中から四方へ枝を伸ばす姿は、昔、薪炭として繰り返し切られたためにできたという。

山頂へ戻り、南西方向へ、下山する渓谷ルートへ向かう。標高差で100メートルほど下ると鞍部《あんぶ》に着き、少し登り返すと、渓谷ルートの分岐だ。直進すれば琴引山への縦走路。北（右手）へ下る。つづら折りに高度を下げると右へトラバース。ここにも森からの恵みの水が湧いている。軟水の柔らかさを味わおう。

豊かな水を育む森を歩くので、植物図鑑を片手にじっくりと味わうのもいい。ブナの葉はカエデの仲間に比べて厚みがあり丈夫。そのため、分解されて土に返るのに時間を要する。ブナの森の保水能力が高いのは長い年月をかけて土壌が厚く育ってきたからなのだ。

一気に標高を下げ、谷に降り立つと避難小屋がある。その先の分岐をそのまま下れば位《い》出谷《でだに》駐車場。右手の水平登山道を進めば、出発した門坂駐車場に戻る。


（日本山岳ガイド協会正会員　加藤智二）

大万木山

ガイドの目

中国地方で標高の高い山は少なく、夏の登山を避ける人もいる。しかし、豊かな天然林を縫い、沢筋を通るこの山は思いのほか爽やかだ。

緑のシャワーを浴びる森の中の道は、風の通りがあまり良くない。急ぎすぎると体の熱が発散されずにばてやすい。自然をゆっくり楽しむ山だと割り切って歩こう。

ブナやミズナラ、カエデなどの森は秋、錦に染まる。季節を変えて同じ山を登ってはいかがだろうか。

参考タイム

門坂駐車場（1時間）－地蔵尊展望台（1時間）－大万木山〈タコブナ〉－（30分）－渓谷ルート分岐（1時間10分）－位出谷駐車場分岐（20分）－門坂駐車場

国土地理院2万5千分の1「出雲吉田」「頓原」

69

毛無山

kenashigasen

岡山・新庄村

鳥取・江府町

1219m

新緑のブナ林を楽しむ 春の妖精カタクリも

毛無山——なんと失礼な、と感じるが、ここは岡山県内でも最大級のブナ林を誇る。全国に毛無山は多いが、岡山と鳥取の県境に位置するこの山は、ブナとカタクリが美しく、多くの登山者に人気の山である。お隣の白馬山《はくばさん》に続く稜線《りょうせん》は中国地方最高峰、大山《だいせん》へと連なる。

2014年の標高改訂で表示が1メートル高くなった。登山道は岡山県側がポピュラーで、初級者にも向いている。ベースは新庄村の毛無山山の家。村が駐車場や水洗トイレを整備している。自炊宿泊ができ、いろりを囲んでゆっくりと山里を味わうことができる「山の家」を右手に林道を進む。しばらく杉の植林地を行くと右手に白馬山への登山道を分ける。下山時に合流するポイントだ。

気持ちの良い沢の流れから離れ、大岩が出てくる辺りになると、周りはブナをはじめとする広葉樹に囲まれる。芽吹きが始まったばかりの春は標高を上げるにつれ、季節をさかのぼることになる。日陰の残雪が消えるのを待ちきれず、草木に生気が満ちてくる。

9合目避難小屋はきれいに手入れされている。ここまで来ると山頂は近い。360度の展望が楽しみだが、稜線の風は冷たい。この辺りで、温かい飲み物と行動食を取ることとしよう。ブナ林が元気よく育つ一帯は積雪の多いところでもある。早春は残雪やぬかるみでスリップしやすいので転倒に注意したい。山頂からは大山と日本海、幸運に恵まれれば隠岐島も望めるだろう。展望を楽しんだら、カタクリの群生地に向かう。早春、かれんな花を咲かせるカタクリは夏には地上部を枯らし休眠してしまう「春の妖精」だ。5月の連休が見頃というが、花が咲いていない時期も登山道を外れないようマナーを守ろう。

白馬山（1060メートル）への稜線のブナは強い季節風の影響か、貫禄満点だ。展望の利かない白馬山頂から朝鍋鷲ケ山《あさなべわしがせん》との分岐を右手へ下る。ここで大山の雄姿とお別れ。植生がブナなどの広葉樹林から杉の植林へ変わり、傾斜が穏やかに。沢を横切ると、朝、通過した林道に出る。


（日本山岳ガイド協会正会員　加藤智二）

毛無山

ガイドの目

米子自動車道利用で関西圏からも日帰り可能となった。ブナの新緑の時季だけでなく、紅葉の季節にも訪れたい山だ。

豊かな落葉広葉樹林に覆われた山は土壌も軟らかく水分に満ちている。地面や木の根を傷めぬようトレッキングポールにはゴムキャップをつけ、登山道を外れずにゆったり丁寧に歩いて、個性的なブナを楽しみたい。

行動中にかいた汗はことの外、体温を奪う。専用に作られた肌着を身に着けるのがベストだ。

参考タイム

新庄村登山口（1時間30分）－9合目避難小屋（10分）－山頂（20分）－カタクリ群生地（40分）－白馬山（1時間）－登山口

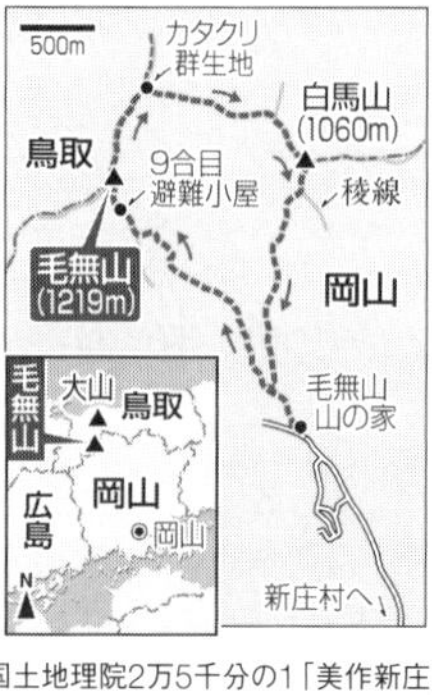

国土地理院2万5千分の1「美作新庄」

70

鬼城山

kinojozan

古代の山城跡、歴史の散歩道 瀬戸内海、四国まで遠望

岡山・総社市

397m

岡山県の中央部に広がる吉備高原。その南端に位置するこの山は近年、発掘調査により徐々に全容が解明された広い意味での古代朝鮮式山城跡だ。一般的には「鬼ノ城《きのじょう》」と呼ばれ、1986年に国史跡指定を受けて多くの歴史愛好家やハイカーが訪れるようになった。すり鉢を伏せたような山容が特徴。山腹斜面は急峻《きゅうしゅん》だが、山頂部は平たん。8合目から9合目にかけて、土を盛った土塁が約3キロにわたって鉢巻き状に巡り、城内は約30ヘクタールにも及ぶ。

『日本書紀』では、7世紀の朝鮮半島動乱で、百済に援軍を送った大和朝廷は663年の白村江《はくすきのえ》の戦いで唐・新羅の連合軍に大敗。日本侵攻を恐れた朝廷は、北九州から瀬戸内沿

岸、畿内まで防衛の山城を築いたという記録があり、鬼ノ城もそれらの一つではないかと考えられている。眼下には古代吉備国の中心部だった総社平野が広がり、快晴時には瀬戸内海の島々や四国の山並みが遠望できる。

公共交通機関利用なら、JR服部駅から北へ砂川公園キャンプ場を経て、登山口の鬼城山ビジターセンターまで約5キロ。同センターはトイレが利用でき、地形模型や映像、パネル展示などで鬼ノ城の歴史を分かりやすく解説している。マイカーの場合はここの駐車場を利用するとよい。ビジターセンターから遊歩道に入り、西門までは10分ほど。復元された3層構造の西門と北側に隣接する角楼のすぐ裏手が山頂。西門に戻り、さらに遊歩道を進んで六つの水門や南門、東門遺構を見て「屏風《びょうぶ》折れの石垣」へ。この石垣は城外へ鋭く張り出した城の一部で、威圧感あふれる天然要塞《ようさい》の景観を醸し出している。

反時計回りに、出発から北門までゆっくり歩いて1時間半。体力に余裕があれば城域から出て、一度下って市道を渡り、北西側の岩屋休憩所（トイレ、駐車場あり）を目指そう。巨岩、奇岩が目を引く「鬼の差し上げ岩」「八畳岩」や馬頭観音などを回り、展望スポットの犬墓山（443メートル）へ縦走。鬼ノ城北面を眺めながらビジターセンターへ戻るコースは、冬の日だまりハイクにうってつけだ。

（日本山岳ガイド協会正会員　村上伸祐）

鬼城山

ガイドの目

この山には古代吉備国を平定したといわれる吉《き》備《び》津《つ》彦命《ひこのみこと》が、山に住む「温《う》羅《ら》」という鬼を退治したという言い伝えが残る。まるで桃太郎伝説のモチーフである。地名の由来とされ、古代のロマンを感じさせる。

子どもたちに桃太郎の昔話を紹介し、ファミリー登山を楽しむのも一興だ。鬼ノ城一周だけなら急坂は少なく、運動靴でも歩ける。

岡山は冬場も晴天の日が多く、登山後はこの季節ならではのB級グルメ、カキのお好み焼き「カキオコ」が人気だ。

参考タイム

ビジターセンター（10分）ー西門・山頂（30分）ー屛風折れの石垣（20分）ー北門（30分）ー岩屋休憩所（15分）ー鬼の差し上げ岩（1時間）ー犬墓山（15分）ービジターセンター

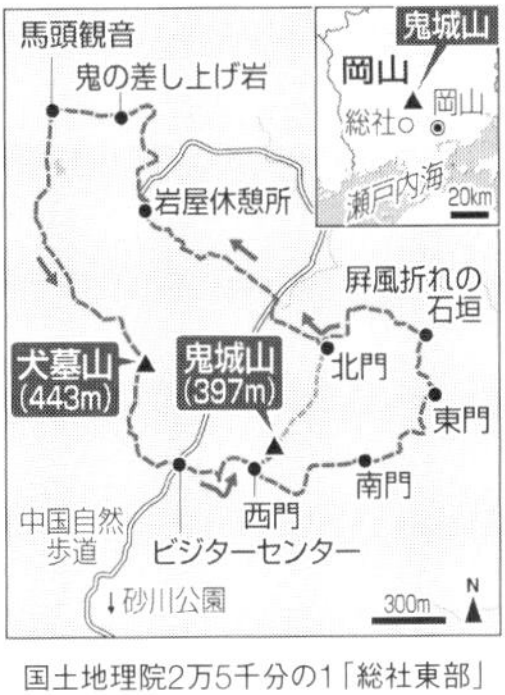

国土地理院2万5千分の1「総社東部」

71

黒滝山

kurotakiyama

地元親しむ、くろたきさん
奇岩と瀬戸の絶景、歴史

広島・竹原市

270m

この山は北に延びる尾根で連なる三原市の白滝山《しらたきやま》（350メートル）と共に登られることが多い。海岸線に近く、花こう岩の奇岩と瀬戸の絶景を眺め、歴史の詰まったのんびり歩きが楽しい。

JR呉線の忠海《ただのうみ》駅に降りると、黒滝山の岩の頂上と直下にある観音堂を見ることができる。道はよく整備されている。そこかしこに観音様が祭られ「ミニ西国三十三カ所」として地元では「くろたきさん」と古くから親しまれ、初日の出の山でもある。頂上までは1時間ほどなので、途中にある「乃木将軍腰掛岩」など、展望ポイントは見逃さないようにしよう。

コースは随所で眼下に大久野島、芸予諸島、世界有数の斜張橋・多々羅大橋、遠くに四国の山々などを眺めながら歩く。登るにつれ海に反射する光と雲の変化する様子が楽しい。

僧行基の創建と伝えられる観音堂は、登山道から左へ進むとある。頂上へはもと来た道に戻るが、合流手前には鳥居があり、ここからくさり場のコースもある。岩場に自信があるなら直接、黒滝山頂上に行くことができる。もとの道に戻り、進むと山頂の一角に突き当たる。右に行くと広い「頂上広場」、左に行くと遮るもののないパノラマが楽しい小さなピークが連なる黒滝山に出る。ここでくさりのルートと合流する。

眺望を堪能したら白滝山へ向かう。丸太でできた階段の道をジグザグに下ると分岐に出る。白滝山に向かう道と下山で使う道の分岐なので覚えておこう。起伏の穏やかな道を進むと舗装道路に出て、白滝山の竜泉寺を訪れる方の駐車場がある。

ここから先は舗装された道。竜泉寺境内を抜けると山頂の八畳岩側面に彫られた磨崖仏を間近に見ることができる。江戸時代初期に彫られたといわれ、三原市史跡だ。八畳岩の上は広く、腰を下ろしてのんびりできる。昼食を済ませたら来た道を戻る。先ほどの下山道分岐からは右手へ。山腹を巻くトラバース道だ。つづら折りに下り出すとほどなくトイレのある「さくら堂」に出る。古い街並や細い路地を通り駅に戻る。

（日本山岳ガイド協会正会員　加藤智二）

黒滝山

ガイドの目

登山道自体は大変よく整備されているが、花こう岩の大岩は摩擦が利いて滑りにくい半面、風化し滑りやすくなった場所もある。展望の良い岩峰に立つ場合や山腹に点在する多数の観音像、磨崖仏を巡る登山道や踏み跡は足元が悪いところもある。スリップや転倒転落には十分注意したい。

瀬戸の海を見下ろす絶景の低山。家族や仲間とゆっくり楽しもう。時間に余裕があれば、今は「ウサギと遊ぶ島」になった旧陸軍の毒ガスの島・大久野島や「安芸の小京都」竹原の街並みなど歴史を味わうのもいい。

参考タイム

忠海駅（30分）ーさくら堂（20分）ー観音堂（10分）ー黒滝山（50分）ー白滝山駐車場（20分）ー白滝山（1時間）ーさくら堂（20分）ー忠海駅

国土地理院2万5千分の1「竹原」「三原」

72

弥山

misen

瀬戸内海の絶景を満喫
世界遺産、厳島神社も

広島・廿日市市

535m

日本三景の一つで、世界文化遺産でも名高い宮島。その最高峰、弥山は人気の山だ。頂上からの眺望が素晴らしい。瀬戸内海の多くの島々を満喫できる。

国宝、重要文化財の厳島《いつくしま》神社や海に浮かぶ大鳥居は観光地としても有名である。重要文化財の仏像のある大願寺《だいがんじ》や重文の千畳閣《せんじょうかく》など歴史的な見どころも多い。初日の出登山では地域で一番の人出だし、春の花見や秋の紅葉の季節もにぎわう。

アプローチはJR山陽本線と広島電鉄の宮島口駅。駅前からフェリーに乗る。宮島まで約10分の海の旅だ。車なら広島市から国道2号西広島バイパスを使う。宮島口には有料駐車場が多い。

頂上へのコースは五つ。参道として紅葉谷《もみじだに》、大聖院《だいしょういん》、大元《おおもと》の谷を登る3コースは石段が多い。尾根をたどるのは博奕尾《ばくちお》コースと西隣の駒ケ林ピークに登る多宝塔《たほうとう》コース。多宝塔コースは踏み跡が発展したルートで岩場の通過もあるので熟練者の同行が必要だ。

少し長いが眺めの良い博奕尾コースから登り、大聖院コースを下るルートを紹介する。この登山コースと一部並行してロープウエーが標高440メートルの獅子岩ピークまで運行している。桟橋から厳島神社に向かい、岩惣《いわそう》旅館から紅葉谷に入る。ロープウエー駅30メートル手前の中村橋に包ケ浦《つつみがうら》自然歩道の案内標識がある。ここがコースの入り口だ。谷沿いに登り、厳島合戦の古戦場で名高い博奕尾に出る。包ケ浦歩道への分岐を過ぎ、尾根通しにまっすぐ進むと榧谷《かやたに》ピーク。宮島の東や南の島々が美しい。榧谷駅から獅子岩駅の間は眺めが最高に良い。獅子岩ピークの展望台にも寄ろう。

下ると紅葉谷コースの分岐に合流。ここから30分で弥山頂上へ。途中に霊火堂と弥山本堂がある。頂上は巨岩が折り重なり面白い。この巨岩分だけ三角点の標高より高くなっている。3階建ての新しい展望台があり360度の眺望を楽しもう。

下りは大聖院コースへ。仁王門の峠から白糸の滝を経て大聖院。下りたら文化遺産を堪能し、商店街を楽しみながら桟橋へ戻ろう。

（日本山岳ガイド協会正会員　松島宏）

弥山

ガイドの目

1996年に原爆ドームとともに世界文化遺産に指定された。対象は厳島神社等の建造物と前面の海や背後の弥山原始林を含んだ一帯だ。

昔から神の島として保護され、農業さえ禁止されてきた。このため、人の影響をほとんど受けておらず、海岸近くに針葉樹のモミやツガなどの巨木の森があるのも珍しい。海岸の湿地には世界的に希少なミヤジマトンボが生息する。

登山道は石段が多いので足に負担が大きい、ストックを持参したい。

参考タイム

桟橋（30分）－紅葉谷登山口（1時間）－榧谷ピーク（30分）－獅子岩（30分）－山頂（20分）－仁王門の峠（30分）－白糸の滝（20分）－大聖院（20分）－桟橋

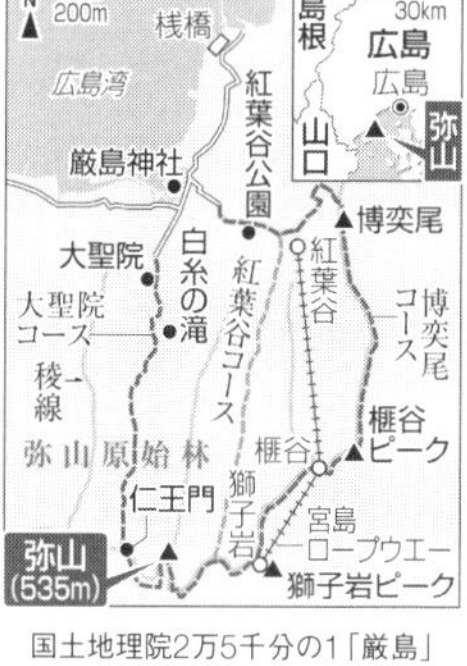

国土地理院2万5千分の1「厳島」

73

寂地山

jakuchisan

秋を味わう木漏れ日の山
紅葉、清流、山口最高峰

山口・岩国市
島根・吉賀町 益田市
1337m

西中国山地国定公園にあり、山口県の最高峰である。山口、島根、広島の3県の県境地帯に当たる。山頂付近のブナ原生林は優しい雰囲気をもち、花こう岩がつくりだす数々の滝を掛ける寂地川は、日本名水百選に選ばれている清流だ。新緑、紅葉など春から晩秋まで楽しめる。

登山は売店と案内所「やませみ」があるキャンプ場駐車場から始まる。林道沿いを上流に少し進むと入り口の看板がある。今回は寂地峡を代表する五つの大きな滝が連続する渓流「竜ケ岳峡」沿いのBコースから登る。

谷間に滝の音が響く。道は整備されてはいるものの、水しぶきで湿って、段差も大きく、滑りやすいので慎重に。一気に標高をかせぐと登山道は丁字となる。左右は手掘りの跡も生々しい「木馬《きうま》トンネル」。これは材木を運び出すのに使われた名残だ。ここを右に進む。トンネルは低いので頭をぶつけないように注意しよう。

沢沿いの気持ちの良い登山道を進むと橋があり、寂地山へ向かう道と、2016年時点で通行止めとなっているCコースの分岐となる。瀬音と広葉樹の美しい登山道が続く。標高千メートル付近になると水流が細く穏やかになりブナの大木が出てくる。これから向かう寂地山と右谷山（1234メートル）との分岐「みのこし峠」までひと登りだ。

峠から先は落葉広葉樹のなだらかな尾根。4月下旬にはカタクリが咲き乱れ、登山者が多い。落ち葉を踏み、こずえからのぞく秋の青空と木漏れ日の中の山歩きは、秋の味わいが深い。小さなアップダウンを繰り返すと寂地林道への下山道分岐。もう寂地山頂はすぐだ。ブナとミズナラの巨木が立つ頂上はなだらかで自己主張がない。テーブルとベンチもあるので昼食を済ませたら、来た道を分岐まで引き返そう。分岐から左へ下ると杉の天然林が現れる。よく手入れされた山道が沢に近づくあたりで橋をわたると寂地林道の終点。林道を20分ほど下り、犬戻《いぬもどし》遊歩道へ。今回のフィナーレ「犬戻の滝」を見て林道に戻る。キャンプ場登山口まで30分ほど、クールダウンしながらのんびり下ろう。

（日本山岳ガイド協会正会員　加藤智二）

ガイドの目

秋に登る場合は日が短くなる上、沢沿いや深い森の登山道はあっという間に薄暗くなる。疲労も重なり、転倒によるけがも多くなりがちだ。下山途中にも栄養補給できる行動食を取ると元気が出るのでお勧めだ。ヘッドランプも必ず持参してほしい。

コテージやシャワー施設が整った寂地峡キャンプ場でキャンプをするとより充実する。営業は11月いっぱい。

アクセスにはマイカーが便利。中国自動車道吉和インターを出て国道186号から434号の松ノ木峠経由で向かう。

参考タイム

キャンプ場登山口（30分）－木馬トンネル（2時間）－みのこし峠（1時間20分）－寂地山（50分）－林道終点登山口（20分）－犬戻遊歩道入り口（1時間）－キャンプ場登山口

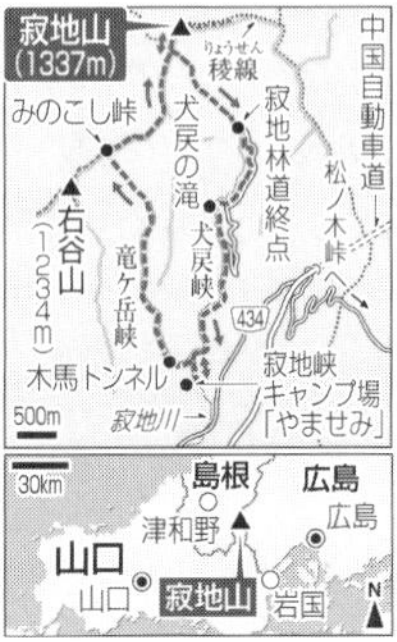

国土地理院2万5千分の1「安芸冠山」

74

東鳳翩山

higashihobensan

市民が愛する山口の峻峰
中国の山々、歴史の街道

山口・山口市 萩市

734m

山口市の北にそびえる峻峰。三角すい状にとがった頂上からの眺めは素晴らしく、山口市民や多くの人に愛されている。

主稜線《しゆりようせん》はかつての周防と長門の国境であり、分水嶺《ぶんすいれい》となっている。山頂の東の板堂峠《いたどうとうげ》は長州藩の参勤交代道、萩往還《はぎおうかん》が通り、今も登山道として使われている。

最も登られている二ツ堂コースから入り、板堂峠へ縦走して萩往還を下るコースを紹介する。アプローチは、マイカーかタクシーで。山口市から県道を北上、一の坂ダムを通り、錦鶏湖の先の天花畑《てんげばた》を左折した一の坂ダム運動公園が起点。駐車場とトイレがある。車はここに置く。車道を1キロ西に進むとやがて急勾配となり東鳳翩山登山口（二ツ堂コース）の看板がある。登山道に入り、ジグザグに登る。マツ、ヒノキ、スギなどの樹林の中をひたすら歩く。標高差300メートルほどを登ると、錦鶏ノ滝からのコースと合流。植林帯の中をしばらく登れば、中国自然歩道のある主稜線の鞍部に到着する。

頂上へは西に向かう。ここからは低木とススキの草原となる。眺望が開け、左に山口市、右にダツヤ山などが見え始める。鞍部から約15分で頂上だ。360度遮るもののない展望が楽しめる。ベンチも複数あり、眺めながら昼食をとるにはもってこいだ。北にダツヤ山や男岳、遠く東に十種ケ峰《とくさがみね》や青野山、すぐ西には西鳳翩山、南は遠く瀬戸内海が見渡せる。

下山は主稜線を東に戻る。小ピークを五つ越えるとショウゲン山分岐に着く。ベンチがあり南の眺めが良い。ここから東の板堂峠に下りる。板堂峠は萩往還の峠である。石畳の道を右に下りると車道に出て、横切って古道に入る。

キンチヂミの清水、御駕籠建場、一貫石、一里塚跡などの史跡を見ながら下ると一の坂御建場跡（六軒茶屋跡）だ。車道をもう一度横切り「四十二の曲がり」を下ると錦鶏ノ滝入り口、500メートルで出発点の一の坂ダム運動公園に戻る。

一年中楽しめ、登山者が途切れることがないが、特に秋にはショウゲン山への尾根の紅葉が美しい。

（日本山岳ガイド協会正会員　松島宏）

東鳳翩山

ガイドの目

歴史探訪が楽しめる。山口市には曹洞宗の瑠璃光寺《るりこうじ》があり、室町時代に建立された五重塔は国宝だ。日本三名塔の一つにも数えられている。

萩往還は日本海側の萩と瀬戸内の三田尻を結ぶ全長53キロの街道。江戸時代、山陰と山陽を結ぶ「陰陽連絡道」として利用されてきた。急坂には石畳が敷かれ、土砂の流出を防いできた。こけむした石畳はぬれると滑りやすい。雨天時には注意が必要で、ストックを使い安全に下ろう。

下山後は100円で利用できる宮野温泉山口ふれあい館がお勧め。

参考タイム

一の坂ダム運動公園（10分）－東鳳翩山登山口（1時間）－東鳳翩山（50分）－板堂峠（1時間）－一の坂ダム運動公園

国土地理院2万5千分の1「山口」

75

高越山

koetsuzan

ツツジ大群落と剣山
端正な山容、阿波富士

徳島・吉野川市

1133m

徳島県中央部にあり、端正な姿で「阿波富士」の別名を持つ。古くは信仰の山で、弘法大師も修行したと伝えられる。山頂直下に高越寺が立つほか、随所に神仏像や鳥居などが設置されている。ツツジの名所としても知られ、特に山頂南方の船窪つつじ公園には、オンツツジを中心に樹齢数百年のツツジ群落が広がり、国の天然記念物に指定されている。

車で船窪つつじ公園を経て山頂近くまで行ける。車道を往復することも可能だが、登山を楽しむなら、吉野川市山川町南のふいご温泉からのコースがいい。

高越大橋から大きな右カーブを回った所に登山口がある。初めは送電線巡視路を行き、15分ほどで鉄塔「43」。番号がふられた鉄塔が続き、「47」から10分ほどで登山道と巡視路が分かれ、傾斜が強まってくる左手の尾根道を進むと20分ほどで開けた場所に出る。正面に山頂を望む。中ノ郷の集落跡に寺院があり、トイレもある。林道に出合い、コイが泳ぐ池がある。登山口から1時間半ほどで、頂上までのほぼ半分の行程だ。

ここから尾根道を1時間ほどで倒壊した女人堂。これより上はかつて女人禁制で、赤レンガの門柱は女人結界を示す。山頂直下には立派な山門を持つ高越寺。山門横から石段を上り、すぐ尾根筋に出て左へ行けば頂上、右に行けば1等三角点があるが、頂上の方が10メートルほど高い。眺望は、剣山《つるぎさん》から徳島・高知県境の三嶺《みうね》の山並み。北には吉野川が横たわる。船窪つつじ公園も一望できる。5月半ばにはツツジで赤く染まった山のかなたに剣山が浮かぶ景色が見られるかもしれない。

余裕があれば山頂部一周コースへ。まず奥ノ院のある西側の小ピークとの鞍部に向かう。鞍部から右に下りると車道に出、これを左に下る。その後ほぼ水平の車道で、尾根を回り込むと船窪つつじ公園からの道路に合流し、駐車場がある。

ここから急斜面を巻く徒歩専用の参道となる。数分行った先の岩塊はかつての修行場。30分で高越寺まで戻り、往路を下山する。

船窪つつじ公園へ行くなら、山頂から片道約1時間。

（日本山岳ガイド協会正会員　大森義彦）

高越山

ガイドの目

登山道はよく整備されており、終始尾根伝いなので道に迷う恐れは少ない。頂上から一周コースの下り始めはやや足元が悪く要注意。駐車場からの参道は一部足元の切れた箇所があり、注意してほしい。この参道は積雪時には避けたい。

高越寺本堂の裏には無料休憩所があり、飲料の自販機も設置されている。山中に水場はない。

公共交通機関利用よりマイカーが便利で、下山後に山麓のふいご温泉で汗を流し、船窪つつじ公園を訪れるのもいい。ツツジの花期は例年5月中旬だ。

参考タイム

登山口(15分)ー鉄塔43(45分)ー鉄塔46(25分)ー中ノ郷(1時間20分)ー女人堂(15分)ー高越寺(10分)ー山頂(30分)ー駐車場(20分)ー高越寺(1時間)ー中ノ郷(1時間)ー登山口

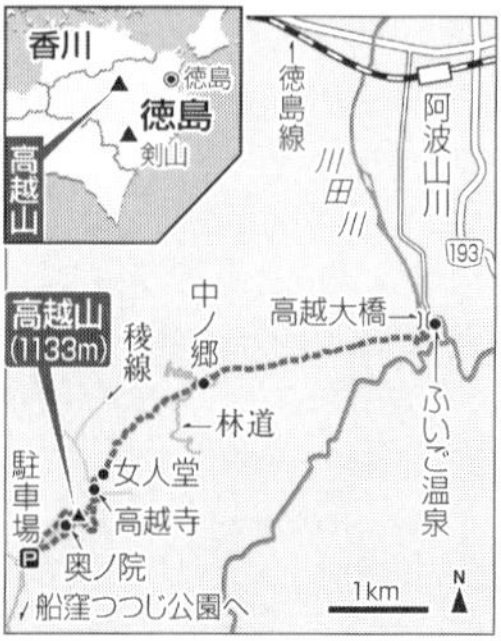

国土地理院2万5千分の1「脇町」

76

中津峰山

nakatsumineyama

紀伊水道、海の道しるべ
阿波三峰、滝と歴史の山

徳島・徳島市勝浦町

773m

徳島市の南にあり、剣山から延びる山並みの東端に位置する。大きなアンテナが山頂に立ち、徳島市街からよくわかる。

津峯山《つのみねやま》、日峰山《ひのみねさん》と合わせ阿波三峰とされ、江戸時代には紀伊水道を行く船に良い目印となったという。特に中腹の中津峰山如意輪寺（如意輪寺）には常夜灯がともり、夜間の「道しるべ」の役割を果たして船主や漁師から信仰を集めたそうだ。

山頂には荘厳な石垣に囲まれて、宇宙をつかさどるという天之御中主神《あめのみなかぬしのかみ》を祭る天津《あまつ》神社が鎮座する。如意輪寺には国重要文化財の観音座像がある。登山ルートは多いが、山腹の大部分は杉の植林帯で眺望はあまり得られない。その中で、八多《はた》五滝と呼ばれる滝が連続する趣深い渓谷を登って如意輪寺へ下りるのが時間的にも手ごろである。

登山口近くの五滝まで徳島駅前からバスがあるが、便数が少ないのでマイカー利用がお勧め。五滝から「四国のみち」にもなっている南の谷沿いの道に入ると、五王神社。境内に犬飼の舞台（国指定の重要有形民俗文化財）がある。民家がなくなると橋の手前に八多五滝の道路標識がある。数台駐車可能なので、ここから歩くとしよう。

五滝簡易水道施設上の三差路を左にとり、すぐ先で左手の登山道に入ると滝が現れる。最後の蔵王《ざおう》の滝の落差は最大で20メートルほど。滝が終わると歩きよい道となる。やがて中津峰森林公園に続く車道に出、すぐ先の電柱から左の登山道に入る。緩やかな尾根筋を行くと石垣が見えてくる。頂上の三方を取り囲む石垣に通路が開いており、くぐると天津神社だ。社殿の右手が山頂で、森林公園からの道が上がってきている。山頂部は広い。石垣の南側下にいくつもテーブルが並べられ、南の勝浦町方面の眺望を楽しむのに良い。海の目印の山だが、皮肉にも頂上からは紀伊水道がわずかにのぞくだけだ。

下山は来た道を引き返し、最初の分岐を右に下る。如意輪寺に着き、階段を下って車道に出る。この先、参道と車道を交互に歩き、「くおうさん」と書かれた石柱からは車道を行く。


（日本山岳ガイド協会正会員　大森義彦）

中津峰山

ガイドの目

滝の横の道は石の階段が多い。手すりがあるが、急で間隔が広い石段もあるので子ども連れは要注意。

中津峰森林公園まで車で上がると、40分ほどの歩きで頂上に着く。家族で森林公園に遊び、山頂を往復するのもいいだろう。

頂上の南方には弘法大師にかかわる言い伝えが残る星の岩屋がある。頂上から往復するにはちょっと遠いが、車を使えば勝浦町星谷から行くことができる。

参考タイム

登山口（40分）－蔵王の滝（1時間10分）－山頂（45分）－如意輪寺（50分）－石柱

国土地理院2万5千分の1「立江」

77

星ケ城山

hoshigajoyama

瀬戸内の島の最高峰
海と奇岩を巡る山歩き

香川・小豆島町

816m

山の価値は、標高だけでは表せない——。この意味を実感できるのが島の山だ。瀬戸内海の島々の最高峰であるこの山の登山は、同時に温暖な瀬戸内海や名産品も味わえる旅になる。小豆島は花こう岩を産出する「石の島」で、おなじみの三角点もこの石材で作られる。星ケ城山は佐々木信胤《ささきのぶたね》の山城があったといわれ、風光明媚《めいび》で観光客の多い寒霞渓《かんかけい》も近い。瀬戸内の海を眺め、奇岩を巡る山歩きに、オリーブと壺井栄《つぼいさかえ》の『二十四の瞳』のロケ地、島の八十八カ所の霊場巡り、しょうゆやそうめん、つくだ煮など見どころと名物がプラスされる。

小豆島へは本州、四国から多くの航路がある。港からバスで、寒霞渓のロープウエー乗り場の紅雲亭《こううんてい》に向かい、手前の猪谷《いのたに》で降りて石門《せきもん》を目指す。島は花こう岩の上に火山噴出物が厚く積み重なり、長い年月を経てさまざまな景観を作り出している。お堂の右手、石畳の裏八景登山道を進むと石のアーチ、石門洞《せきもんどう》だ。見上げれば「えっ、崩れないで！」と思わず口にしてしまいそうだ。

登山道の足元は単調だが、さまざまな奇岩がたて続けに現れ、飽きることがない。見晴らし台は海の眺望が素晴らしい。大きな岩がぽつんとのった「松茸岩《まつたけいわ》」を過ぎると、程なくロープウエーの終点標高612メートルの広場だ。駅手前のきれいなトイレを使わせてもらおう。ひと登りで広々とした三笠山に到着。ここから山城の遺構が次々と出てくる。西峰の大きな露岩から港を見下ろせば「つわものどもが夢のあと」の句が頭をよぎるかもしれない。程なく最高峰の東峰。板状の岩を積み上げて作られた国土地理院の測量やぐらが目に飛び込んでくる。

下山は来た道を戻る。体力に応じてさまざまなコースを組み合わせることができるので、家族や友人と誘い合わせて訪れるのに最適だ。ロープウエーの山頂駅からの空中散歩は次の機会とし、表十二景登山道を下る。下山方向に目をやると驚くほどの急傾斜に身構えるが、つづら折りを繰り返す石畳なので安心。

（日本山岳ガイド協会正会員　加藤智二）

星ケ城山

ガイドの目

冬は寒いからこそ瀬戸内の山という選択はある。とはいえ、吹き抜ける風は冷たいことも多く、防寒と防風対策、ヘッドランプ、行動食を忘れずに。

沿岸部から山腹には小豆島の八十八カ所霊場がある。登山と併せて立ち寄ってほしい。『二十四の瞳』のロケ地、映画村もあり、ここを目指して海岸沿いを移動すると、星ケ城山を湾の向こうに見ることができる。山には美しく見える場所がいくつかある。山頂を目指すだけでなく、多様な魅力を探ってみよう。カレイやメバルなど冬の瀬戸内の味覚もある。

参考タイム

猪谷（30分）－石門洞（1時間）－ロープウエー山頂駅（50分）－星ケ城山東峰（40分）－ロープウエー山頂駅（1時間）－ロープウエー乗り場

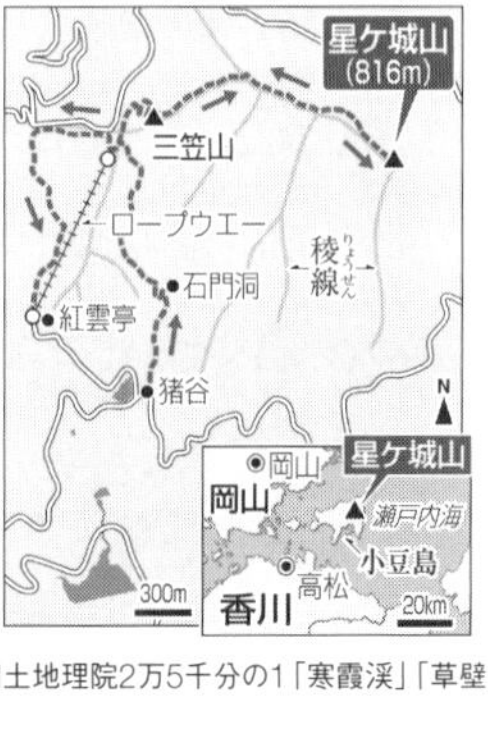

国土地理院2万5千分の1「寒霞渓」「草壁」

78

大麻山

oosayama

香川・善通寺市 三豊市

616m

桜並木と瀬戸内海の眺望 こんぴらさんから登ろう

登山と名所巡りをセットで楽しむ。そんな欲張りなプランを手軽に満喫できる山だ。山頂からの瀬戸内海などの景色は素晴らしく、5月の大型連休のころ、ボタン桜（八重桜）が尾根沿いを1キロ以上もピンクに染める様は見事だ。

平野からポツンと突き出たおにぎり様と台形様の山は香川県の特徴。その中で標高の一番高い台形様の山が大麻山で、尾根南東端の低くなったところが琴平山《ことひらやま》だ。琴平山周辺は象頭山《ぞうずさん》とも呼ばれ、中腹には「こんぴらさん」の愛称で親しまれる金刀比羅宮が鎮座する。

JRか琴電の琴平駅で下車し、表参道の石段下まで徒歩15分。ここから金比羅名物1368段の石段歩きが始まる。365段上がると大門だ。ここからが神域となり、唯一商いを許されたのは、大きな傘をさし、あめを売る「五人百姓《ごにんびやくしよう》」だ。桜の名所の石畳を過ぎ、石段を上がると「森の石松」が本宮《ほんぐう》と間違えて参拝したと伝わる旭社《あさひしや》の豪華な建物前に出る。傾斜の強くなった石段を上り詰めると正面が金刀比羅宮の本宮だ。参拝を済ませたら本宮右奥の鳥居をくぐり奥社《おくしや》へ向かおう。うっそうと茂った照葉樹の参道はパワースポットでもあり、厳魂《いづたま》神社の鎮座した奥社まで続く。

大麻山へは奥社鳥居下の登山道から入る。すぐに防火帯と標識のある分岐に出るので、左のルートを進む。ジグザグ道がゆるやかになると龍王社《りゆうおうしや》のくぼ地に出る。池の横を登れば視界の開けた桜並木の尾根に抜ける。電波塔目指してひと登りすれば右側に山頂を示す2等三角点がある。さらに足を延ばすと頂上園地の展望台広場だ。眺望は素晴らしく、眼下に讃岐平野と瀬戸内海の多島美が広がり、遠くは対岸の岡山県までが見渡せる。

帰路は龍王社まで戻り、池から東斜面を下る。急な下りが続くので慎重に歩きたい。10分ほどで水平な工兵道《こうへいどう》と合流し、右へ折れて葵《あおい》の滝《たき》を経由し、標識のあった分岐をへて参道へ戻る。本宮手前の鳥居まで下って、左に見える車道へ入りそのまま下ると、裏参道の入り口だ。琴平駅はもう近い。

（日本山岳ガイド協会正会員　佐藤孝雄）

大麻山

ガイドの目

標識が完備しており登山道はわかりやすい。冬には落葉樹の葉が山道に積もるので、スリップ事故に気をつけたい。一年を通して楽しめるが、登山適季は10月〜5月。見どころは秋の裏参道の紅葉と春の桜。山頂のボタン桜は4月下旬〜5月上旬。

金刀比羅宮周辺の見どころも忘れずに立ち寄ったらいかがか。高灯籠（高さ日本一、27メートル）、金丸座（現存する日本最古の芝居小屋）、円山応挙の障壁画（表書院）など。

参考タイム

琴平駅（15分）ー石段登り口（35分）ー本宮（35分）ー奥社（30分）ー龍王社（15分）ー山頂（5分）ー展望台広場（10分）ー龍王社（10分）ー工兵道（10分）ー奥社（15分）ー本宮鳥居（15分）ー裏参道口（10分）ー琴平駅

国土地理院2万5千分の1「善通寺」

79

皿ケ嶺

saragamine

愛媛・東温市久万高原町

1278m

四国の「花の山」四季通じ自然と対話

1967年に県立自然公園に指定され、多くの登山者に親しまれている。アプローチが容易で、初心者やファミリーのハイキングに適した山だ。

春は水《みず》の元《もと》や風穴《かざあな》周辺、夏は湿原の竜神平《りゅうじんだいら》で多様な花が目を和ませ、四国の花の山ともいわれる。秋はブナ林の黄葉、冬は霧氷と四季を通して自然との対話を楽しめる。

この山は、名前の通り、どこからでも皿のように見える隆起準平原で、特に竜神平の北側にある広葉樹林の道を歩けば、静かで心が和むだろう。

松山市から伊予電鉄で見奈良《みなら》駅下車。タクシーで水の元まで行く。一年を通じて冷たい湧き水を利用できるのが魅力だ。ここから登るが、現在は多くの人がマイカーで訪れ、少し上の風穴駐車場を出発点にしている。

この周辺は東温市の森林公園として整備され、無料のログハウスがある。宿泊して星空を楽しむ人もいる。少し進むと風穴があり、夏でも大岩の間から冷気が霧状に噴き出している。夏場なら、一般的に「ヒマラヤの青いケシ」と呼ぶ花を見ることができる。

ここから標高差200メートルほど山腹をトラバース気味に登る。春には樹林帯に黄色のヤマブキソウ、白いニリンソウなどが咲く。緑のシャワーを浴びて進むと約50分で竜神平分岐。少々回り道になるが、ここは直進しよう。ブナ、ナラ、リョウブなどの木々を楽しみながら15分ほど歩き、右折して探鳥コースへ。春は鳥のさえずりを聞きながら竜神平に出る。夏は黄色のハンカイソウ、薄紫色のコバギボウシ、秋はリンドウなどが咲き、自然の豊かさを感じる。愛媛大小屋の横には「竜神の泉」と呼ばれる湧き水があり、湿原の源ともいわれる。

頂上へは道標に従い、トイレの横から自然林に入る。25分ほどで山頂台地の南端にある最高点に到着するだろう。20人ほどがくつろげる広さだ。南に四国カルストの山々が見え、気象条件次第で西に九州のくじゅう山群、阿蘇山系のシルエットも。

下りは、北の三角点から緩やかに下り、十字峠を右折して竜神平から出発点へ帰る。

（日本山岳ガイド協会正会員　清家一明）

皿ケ嶺

ガイドの目

風穴下の駐車場は約40台駐車可能だろう。横のログハウスは一般に開放されている。休日はファミリーハイキングの拠点になり、子どもたちの明るい声が絶えない。

トイレは水の元、風穴のログハウス横、竜神平などにある。水場は水の元と竜神の泉にある。

下山後に一汗流すことも可能だ。温泉施設は東温市に「利楽」と日帰りの「さくらの湯」がある。

参考タイム

水の元（25分）－風穴（1時間20分）－竜神平（25分）－皿ケ嶺（10分）－十字峠（10分）－竜神平（40分）－風穴（20分）－水の元

国土地理院2万5千分の1「石墨山」

80

三本杭

sanbongui

愛媛・宇和島市

1226m

渓谷美と眺望楽しむ
四国の3藩境界の山

闘牛で有名な城下町、宇和島の背後に連なる鬼が城山、高月山《たかつきやま》など四国南西部の山地の一角にある。山名は江戸時代に宇和島藩、伊予吉田藩、土佐藩の3藩が立てた領地境界標柱に由来する。もっとも、その標柱は横ノ森と呼ばれる近くのピークにあったと言われる。この山は高知県境から少し愛媛県側にあり、別名「滑床山《なめとこやま》」とも呼ばれる。渓谷美と花や紅葉を楽しめる山である。

四万十川の支流目黒川の万年橋を発着とするコースを紹介する。アクセスにはマイカーが便利だ。宇和島から国道320号を進み、松野町に入って目黒川をさかのぼれば約45分で着く。JR予土線松丸駅からタクシーを利用してもいいが、列車の本数が少ない。

万年橋からの滑床渓谷コースは「雪輪《ゆきわ》の滝」をはじめ花こう岩の大岩が多くの滑滝《なめたき》をなしている。美しい景観は春の新緑、夏の峡谷歩き、秋の紅葉と魅力いっぱいだ。変化のある渓谷美を楽しみながら35分ほどで雪輪の滝。その先を右岸に渡り、1時間余りで本谷と「二ノ俣」の合流点となる奥千畳に着く。緩やかでなめらかな渓谷は「滑床」の名にふさわしい。水音と小鳥の鳴き声は別天地にいるようだ。

二ノ俣に沿って緩やかに1時間強も詰めれば熊ノコルに到着、今ではクマはいないが、シカの声が聞こえるかもしれない。ここから主稜線《しゆりようせん》を三本杭に向かう。大きなブナが点在する道は後半急になり、やがて「タルミ（峠の地名）」に到着、左のアセビの中を登れば急に明るくなり、広々とした1等三角点の山頂に立つ。北に四国最高峰の石鎚山から四国カルスト、南予の高月山、近くには鬼が城山、八面山《やつづらやま》、豊後水道の遠方に九州の山々まで遮るもののない眺望を楽しめる。

帰りは東にのびる檜《ひのき》尾根を利用する。横ノ森のツツジの中を下りると、春は緩やかな平地にシャクナゲの群生が続く。5月の連休ごろ、3〜4年の周期で咲き誇る様は見事だ。森林の中を緩く登るようになると標高999メートルの御祝山《おいわいさん》に着く。ここから急な下りが始まる。我慢は1時間強続くが、やがて出発点の万年橋だ。

（日本山岳ガイド協会正会員　清家一明）

三本杭

ガイドの目

ファミリー向きに別コースを紹介する。黒尊スーパー林道（全舗装）を進み、標高千メートルを超す鹿ノコルで駐車（約40台可能）。そこから鬼が城山、八面山、三本杭と縦走する。万年橋に比べ標高差が少ない。

鬼が城山のシャクナゲや眺望も楽しめる。帰路は大久保山と鬼が城山をトラバースして鹿ノコルへ。鬼が城迂《う》回《かい》コースは、樹林の中で暗いので足元に注意してほしい。

参考タイム

万年橋（35分）ー雪輪の滝（1時間20分）ー奥千畳（1時間10分）ー熊ノコル（40分）ー三本杭（1時間）ー御祝山（1時間20分）ー万年橋　▼鹿ノコルからのコース＝鹿ノコル（30分）ー鬼が城山（50分）ー八面山（1時間10分）ー三本杭（2時間半）ー鹿ノコル

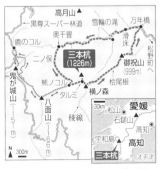

国土地理院2万5千分の1「宇和島」「松丸」

81

梶ケ森

kajigamori

太平洋と四国名峰を一望
山腹に名瀑、霊場史跡も

高知・大豊町

1400m

梶ケ森は四国中央部、大豊町にあり、国道近くの豊楽寺《ぶらくじ》薬師堂からは、ひときわ大きくどっしりした姿が望める。山頂に立つ電波塔が目印になる。

昔は弘法大師が修行した山として「加持ケ峰」とも呼ばれていた。１９６４年に県立自然公園に指定された。気軽に登れて高知県では最も知名度の高い山でもある。

登山口は7合目の「龍王の滝」駐車場から。登山口には公衆トイレもあり40台程駐車可能だ。10分程、渓谷沿いに進むと落差20メートル、日本の滝百選「龍王の滝」に到着。さらに定福寺奥の院には15分。これより先の登山道沿いに「七仏霊場」の史跡が点在している。山頂へは３コースあり、右の名勝めぐりコースの看板に従い進む。不動明王が鎮座する滝が「真名井の滝」だ。鉄のはしごを慎重に登ると立派なあずまやがある。

ここからブナと笹原の中を450メートル、約20分で天狗《てんぐ》の鼻に着き、大日如来像が真正面に現れる。展望も素晴らしく、山頂の鉄塔が谷を隔てて迫って見える。少し下るとキャンプ場。快適バイオトイレが新設されている。

キャンプ場駐車場から急な階段を一直線にひと頑張りすると1等三角点、梶ケ森の山頂に到着。南に太平洋、足元に吉野川、さらに、石鎚、剣山など四国名峰を一望することができる。虚空蔵菩薩《ぼさつ》も迎えてくれる。

下山は車道を一度キャンプ場に下り、霊水〜山荘梶ケ森〜奥の院経由で帰ろう。下山時間に余裕があれば天文台横の細道を片道10分弱の「ふたりの丘」展望所に上ってみよう。

ここからの眺望も捨てたものではない。

冬場以外なら天文台横の山荘梶ケ森に泊まるのも一興だ。満天の星、高知市の夜景、剣山方向から上る日の出と大自然を満喫できるだろう。

奥の院への下りは山荘裏の遊歩道を5分ほど、最初の分岐を右にとり山腹を巻く感じの笹原の道から林道に合流するコースが安全。奥の院は林道分岐から左方向に5分程で着く。そこから龍王の滝経由約20分で駐車場に戻る。3月初めまで地元で福寿草祭りが開かれる。


（日本山岳協会ガイド正会員　石川善教）

梶ケ森

ガイドの目

唯一の注意箇所は「真名井の滝」横の岩場に付けられた鉄のはしごだ。降雨時や下りは通らない方が無難。山荘梶ケ森からの下りで、ゴロゴロ八丁コースは健脚者以外避けた方がいい。3月までは沢筋に雪が残る。確認の上登ってほしい。

山頂まで車道が通じる以前は山麓から奥の院まで、八十八カ所巡礼の参道があった。奥の院から上部に今も安置されている「七仏霊場」の石仏や弘法大師ゆかりの史跡を訪ね歩き、豊かな自然、四季折々の草花や渓谷美などを楽しんでほしい。

参考タイム

龍王の滝駐車場(10分)ー龍王の滝(15分)ー奥の院(40分)ー天狗の鼻(30分)ー梶ケ森山頂(30分)ー山荘梶ケ森(30分)ー奥の院(20分)ー龍王の滝駐車場

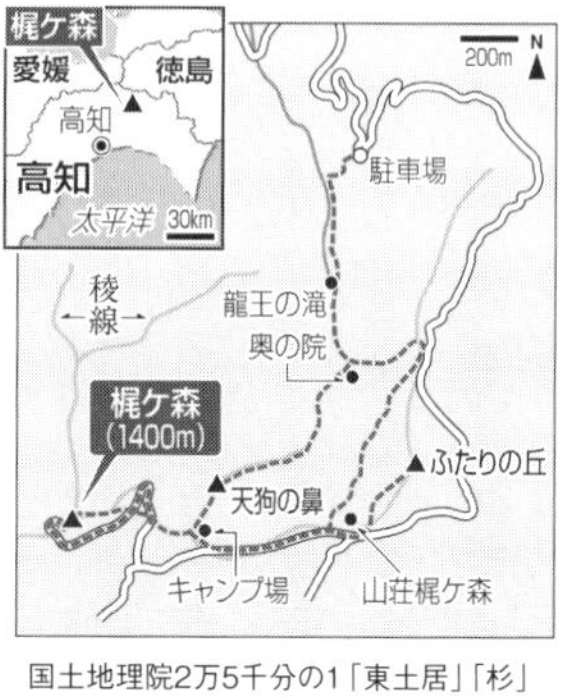

国土地理院2万5千分の1「東土居」「杉」

82

工石山

kuishiyama

高知・高知市 土佐町

1177m

四国の海と山の大展望 自然休養林がある県民の山

高知市街から、この山の大きな山容は目立つ。日本初の自然休養林に指定された森もあり、県民に親しまれている。四季を通じ、誰もが気軽に楽しめる日帰り登山の山だ。同名の山が北の四国山地にもあり、奥工石山と称し区別している。

公共交通機関の利便性に欠けるため、高知市内からはマイカー利用となる。工石山青少年の家の駐車場に車を止め、スタート。20分ほど歩くと杖塚《つえづか》で「工石山県民の森」と記された碑がある。北回りと南回りコースの分岐だ。どちらのコースを選んでも1時間ほどで山頂に至る。水場は杖塚と山腹のサイの河原しかないので注意。

今回は北回りで1周する。山道の草花や、樹齢2００年を超すカシ、ブナ、杉など天然林のあふれる生命力に元気をもらい、次々と現れる花や広がる景観を楽しもう。野鳥も多く、コゲラが小気味良くドラミングする姿や音を楽しめる。静かに見守ろう。

各県の木を植えた遊歩道や杉の根返り地点を過ぎると、トド岩ビューポイントに着く。北に張り出した大岩で、北面の棚田や冬なら雪をまとった四国最高峰・石鎚山の雄姿、法皇山系と剣山周辺の山々も見渡せる。

工石山には真っ白い巨石が点在し、絶好の展望所となっている。最初のピークが1177メートルの標高点である北の頂。さらに5分ほどで三角点（1176・5メートル）の南の頂。北峰より低いが展望の良い南峰に1等三角点を設けたのは納得。足摺岬から室戸岬まで土佐湾の大展望を加えて海山の眺望の山である。

4月中旬から咲き誇るアケボノツツジや5月のシャクナゲの時期は大勢の登山者でにぎわう。

下山は山頂の案内標識に従いサイの河原へ。高知市内を通り、土佐湾に注ぐ鏡川の源流点の一つがこの河原上部にある。喉を潤し、山腹を巻く道を行けば、途中には、やまびこを楽しめる地点もある。ゆっくりと下りたい。1時間足らずで登山口に着く。


（日本山岳ガイド協会正会員　石川善教）

工石山

ガイドの目

登山道や案内の標識はよく整備されており安心。危険箇所もほとんどない。だが、スマホのGPS頼みは禁物だ。地図は必ず持参し、登山届も忘れずに。携帯電話はほぼ全域で通信可能だ。

工石山青少年の家でイラストマップの入手可。トイレや注意すべき点が記載されており、動植物の観察にも欠かせない。

冬は雪道の運転を強いられることもある。帰途には、この山のシンボル、妙体岩に立ち寄ってみよう。ふるさと林道から5分ほど入った場所にある。そのまま林道を進むと日帰り入浴可能なオーベルジュ土佐山に着く。

参考タイム

登山口（20分）－杖塚（1時間）－南峰（50分）－杖塚（15分）－登山口

国土地理院2万5千分の1「田井」「土佐山」

83

宝満山

homanzan

歴史に彩られた史跡の山
梅の香に包まれる天満宮

福岡・太宰府市
筑紫野市

829m

歴史と伝説に彩られた山だ。7世紀に置かれた大宰府と密接な関係がある。大宰府の鬼門（北東）方向にあることから厄よけの神を祭った。最澄《さいちょう》が参拝して遣唐使の平安を祈願したという。修験、信仰の山として発展、遺構も多く、国の史跡指定を受けている。

太宰府天満宮は、この地で亡くなった菅原道真《すがわらのみちざね》を祭る。学問の神様として名高い。国の重要文化財の本殿は、道真の墓の上に建てられている。

西鉄太宰府駅から天満宮に向かう。早春なら、左遷された道真を慕って都より飛んできたという飛梅《とびうめ》をはじめ、6千本の梅が境内に咲き、芳しい香りに包まれる。

社殿の裏へ回り、舗装道路を右へ、約2キロで正面登山口の竈門《かまど》神社《じんじゃ》に着く。本殿の左から車道に出て、1合目の鳥居から林に入り、林道をしばらく行く。池のそばで左に登山道が分かれる。林道を横切って進むと林道終点に出て、ここから照葉樹林の道となり、自然石の階段となる。すぐ上に一の鳥居、2合目標識がある。20分程石段を上ると3合目の水場に着く。

ここから杉木立の中の急坂となる。5合目を過ぎて、百段ガンギと呼ばれる切石の整然とした石段が現れる。これを上りきると坊跡が多い西院谷《にしいんたに》。さらに10分程で7合目。竈門山碑という石碑のある中宮跡《ちゅうぐう》に出る。平たんな道を過ぎ少し下ると、道は三つに分かれる。右はキャンプセンターへ。左は羅漢道《らかんどう》へ。真ん中が正面道である。大きな花こう岩の岩につけられた階段を上り、竈門岩を過ぎ、袖すり岩を抜け、急な石段を上りきると山頂だ。竈門神社の上宮《じょうぐう》がまつられている。

露岩の山頂は360度の展望だ。福岡市内から玄界灘、壱岐島、筑紫平野、そして英彦山《ひこさん》系が連なる。冬場は九重《くじゅう》連山はじめ条件次第で阿蘇山の噴煙も望めるだろう。

下山は来た道を帰ってもよいが、山頂直下にはキャンプセンターがあり、水場やバイオトイレがある。鎖のついた石段を下り、尾根道から右へ分かれる道を下るとキャンプセンターに着く。ここからは中宮跡へ続く、女道《おんなみち》をたどり下山する。

（日本山岳ガイド協会正会員　浦一美）

宝満山

ガイドの目

西鉄電車で太宰府駅まで行けるので、利便性が高く、一年を通して登山者でにぎわっている。竈門神社にはトイレがあり、出発前に使うとよい。2合目からは樹林の中となる。階段が延々と続くため、こまめに水分の補給をしてほしい。3合目の水場では空いた水筒に補給をすること。

正面道周辺には修験者達の活動場跡が数多く残る。1982年には峰入りなど山伏の行事が復活した。また、江戸時代から縁結びの山として知られ、若者の登山も多い。

下山後、天満宮に寄ってみよう。参道で焼かれている「梅ヶ枝餅」は道真公を慰めたというお土産として有名である。

参考タイム

西鉄太宰府駅(40分)ー竈門神社(30分)ー一の鳥居(55分)ー中宮跡(20分)ー山頂(10分)ーキャンプセンター(20分)ー中宮跡(1時間)ー竈門神社

国土地理院2万5千分の1「太宰府」

84

犬ケ岳

inugatake

圧巻ツクシシャクナゲ
ブナ林、修験道史跡も

福岡・豊前市

大分・中津市

1131m

福岡と大分の県境の山だ。東に経読岳《きょうよみだけ》、西に野峠を経て英彦山《ひこさん》に連なる山塊にあり、国の天然記念物、ツクシシャクナゲの群落で名高い。ブナの原生林も知られている。

この辺りは、英彦山、宝満山、脊振山《せぶりさん》と同じく、古来の山岳仏教修験者の道場であり、修験山伏の文化財と伝説が多い。登山口手前の求菩提山《くぼてさん》は、修験の山として国の史跡に指定されている。

JR宇島駅前からバスで求菩提資料館前下車。標識に従い約1キロ進むと、トイレが完備された登山口の駐車場だ。ここで道は左右に分かれる。右は広河原《ひろがわら》から大竿峠《おおさおとうげ》経由で頂上に至る「恐渕《おそろしぶち》コース」、左は笈吊峠《おいずるとうげ》から笈吊岩を経て頂上への稜線《りょうせん》をたどる「うぐいす谷コース」。シャクナゲを見る場合、左のうぐいす谷コースを登り、恐淵コースを下りることが多い。左側のコンクリートの林道をうぐいす谷に沿って登る。人工林の中の道から本流に入り、やがて水の涸れた沢を渡る。急坂をジグザグに登りきると経読林道に出て、右に500メートルほど歩くと案内板やテーブルがある。ここから笈吊峠へ向かう。

周囲がシオジやカエデの自然林からアブラチャン、チドリノキに変わると笈吊峠だ。峠から稜線を右へ。笈吊岩が現れ、鎖を頼りに岩を登りきる。この付近から稜線には、淡紅色などのツクシシャクナゲが切れ目なく群生している。犬ケ岳への最後の急坂に取り付き、美しいブナ林を抜けると山頂である。避難小屋を兼ねた展望台があるが、周囲の木々が育ち、残念ながら展望はない。

下山は二ノ岳を経て大竿峠に向かう。かつてこの稜線はクマザサに覆われていたのだが、現在はなくなり、明るいブナ林になった。大竿峠到着後は30分かけて一ノ岳まで往復してみよう。一ノ岳は、この山系では最も展望の優れたピークで、周防灘から英彦山、由布岳が望める。大竿峠に戻り、北に下る。経読林道に出て右に200メートルほど行くと、石段が杉林の中を下っている。谷沿いを下り、本流へ。足場が悪い所は鎖が設置してある。恐淵の暗い峡谷を過ぎると広河原。まもなく駐車場に戻る。

（日本山岳ガイド協会正会員　浦一美）

犬ケ岳

ガイドの目

この山は、四季折々に楽しめるが、圧巻はやはり5月の新緑とツクシシャクナゲの季節である。

アプローチが少々不便なためマイカー利用が望ましい。登山口の駐車場には40台ほど駐車可能。

コース上では笈吊岩に注意が必要。滑りやすく滑落事故も発生している。不安を感じたら迂回路《うかいろ》へ移動してほしい。

稜線上も狭く切れ落ちた場所があり、特にシャクナゲの写真を撮るために崖に近づく際は気をつけよう。大竿峠からの下山コースは谷筋の右岸、左岸を巻く部分があるが、鎖がセットされており問題ないだろう。

参考タイム

登山口（50分）ー経読林道（20分）ー笈吊峠（40分）ー犬ケ岳山頂（30分）ー大竿峠（10分）ー経読林道（1時間30分）ー登山口

国土地理院2万5千分の1「下河内」「伊良原」

85

天山

tenzan

秋の草花咲き乱れる
佐賀県民、故郷の山

佐賀

・

小城市
多久市
唐津市
佐賀市

1046m

佐賀平野のどこからでも見ることができる。佐賀の人々は四季折々、朝夕にその姿を眺めて暮らす、県民のふるさとの山でもある。

この山の南西に雨山があり、この「あめやま」が天山となったと言われている。南の小城市側の8合目には水の神様を祭る天山神社上宮があり、里の信仰を集めている。今ではこの直下まで車道が通じ、こちらから登れば約1時間で山頂に立つことができる。

山頂付近は樹木がなく、草花とササが茂る広々とした草原となっている。そのため360度のパノラマを楽しむことができ、特に南側には佐賀平野と有明海が見渡せる。山頂草原では四季の草花が楽しめ、晩夏から秋にかけては、マツムシソウやトリカブトなどのさまざまな草花が咲き乱れる。花を目当てに多くの人が登る人気の山である。

登山は、天山と東の彦岳（８４５メートル）の間のコル、標高６９０メートル弱の石体《しゃくたい》越《こし》、別名七曲峠から、尾根沿いを西に縦走して山頂を目指す。峠まではマイカー利用、北側に少し下ると道幅が広がり駐車可能だ。ＪＲ小城駅からタクシーを使ってもよい。約30分かかる。石体越から山頂まで標高差は３５０メートルほどしかない。最初は樹林帯だが、標高８００メートルを超す辺りから次第に草原となる。視界のいい尾根道なので景色や途中咲いている多彩な草花を楽しみながら、頂上を目指そう。岩場や、やせ尾根などの危険な箇所がなく、初心者でも安心して登れる。またこのコースは九州自然歩道となっており、標識もしっかりしている。

山頂でゆっくりお昼を楽しんだら、雨山（９９６メートル）へ足を延ばして、天山神社上宮のトイレのある駐車場に下ろう。もし車が２台あればそれぞれに駐車して縦走を楽しむといい。

健脚の向きは、石体越から天山と彦岳をそれぞれ往復すれば満喫できるだろう。

北側には人工降雪機利用だが、スキー場があり、多雪時期には天山山頂付近で膝上まで積もることがたびたびある。九州の山だからと甘く見ると、冬は痛い目に遭う。

（日本山岳ガイド協会正会員　岩田達也）

天山

ガイドの目

山頂は広々としており、霧に包まれると下山道を見つけにくい。前もって情報収集して地図とコンパスで確認してから下ろう。

天山山頂付近は佐賀県自然公園第3種特別指定区域で木々の伐採はできない。かつて足の踏み場もないほど咲いていたオキナグサが、今では絶滅して看板だけ残っている悲しい現状がある。これからも盗掘防止に登山者の協力を得て自然を守っていきたい。

ぬる湯で有名な古湯温泉が近くにある。日帰り入浴もできるので、疲れを取って帰ろう。

参考タイム

石体越（2時間30分）－山頂（45分）－雨山（45分）－8合目駐車場

国土地理院2万5千分の1「古湯」「小城」

86

黒髪山

kurokamizan

佐賀・有田町 武雄市

516m

有田焼育んだ歴史の山 奇岩、幽谷、植物も多様

標高こそ低いが、山頂（天童岩《てんどういわ》）に立てば、その標高とは思えない高度感がある。登山道は深山幽谷の気配の中、清らかな沢を渡り、くさりやはしごがある岩場を経るなど、変化に富んだ山だ。複雑な地形と温暖な気候のため植物が多様で、貴重な植物が、奇岩の間にひっそりとたたずんでいる。

秀吉の朝鮮出兵により連れてこられた陶工が、山麓で白磁の陶石を発見したと伝えられ、17世紀以降、磁器の原料として採掘された。有田焼・伊万里焼等の日本を代表する窯元が黒髪山周辺に点在するのはそのためである。登山の帰りにぜひ立ち寄りたい。

大蛇が巻き付いたと伝えられる天童岩をご神体とした黒髪神社などがあり、古くから山

伏が修行した霊山としても有名。奇岩の乳待坊《ちまちぼう》や、キリシタンと村娘の悲恋物語を秘める雄岩・雌岩が神秘的な雰囲気を醸し出している。

名水百選に選ばれた清水がある竜門峡から入山する。アクセスはマイカーで。駐車場や水洗トイレ、「黒髪の自然を守る連絡協議会」メンバーが週末に常駐する竜門山の家登山案内所があり、標識もしっかりしている。奇岩に囲まれた沢沿いに進み、2度、3度と沢を渡る。途中に霊場になっている洞穴や岩場がある。見返峠に着くと雄岩・雌岩の雄大な景色が目前に迫る。どちらも岩の上には立てないが、雌岩の手前まで行ける。

峠から南へ、山頂まで標高差で約150メートルの急登を過ぎると、最後の難関の岩場に出る。しっかりしたくさりが付いているので慎重に登れば大丈夫。ここを越えると山頂でもある天童岩に立つ。眼下には山間にひしめき合う有田の街と窯元群や、蒼《あお》く透き通る「秘色《ひそく》の湖《うみ》」有田ダムが見える。有明海や大村湾も。とても標高500メートルそこその山とは思えない。

奇岩の展望を楽しんだら、標高約460メートルの後黒髪《うしろくろかみ》まで西へ縦走して後ノ平《うしろのたいら》から竜門峡に下る。途中、鬼の岩屋やくぐり岩等があり、最後まで飽きることはない。

健脚向けとしては、見返峠から青螺山《せいらさん》、牧ノ山と周遊して竜門峡に下るコースがある。

（日本山岳ガイド協会正会員　岩田達也）

黒髪山

ガイドの目

黒髪山は標高300メートル付近に岩場が続く特異な山である。道に迷い、無理に下山を図って岩場からの転落や岩の途中で動けなくなる遭難が多い。

山の難易度は標高では決まらない。事前に情報を集めたい。携帯電話も谷間はつながりにくく、道に迷ったら安易に下らず、上に登ることが助かる道。エリアが狭いので、2万5千分の1地図を拡大して使おう。

下山後の楽しみとして、窯元直売店に行ってみよう。市価の2～3割引きで買える。陶器市などでは交渉も可。少し足を延ばせば、日本三大美肌の湯・嬉野温泉に公衆浴場シーボルトの湯がある。

参考タイム

竜門登山口（30分）－二俣（40分）－見返峠（1時間）－黒髪山（30分）－後黒髪（10分）－後ノ平（40分）－二俣（20分）－竜門登山口

国土地理院2万5千分の1「有田」

87

白嶽

shiratake

長崎・対馬市

518m

国境の島の象徴
神秘的雰囲気味わう

対馬は九州から130キロ余り、お隣韓国から約50キロに位置する国境の島だ。白い石英斑岩の、この双耳峰は、はるか海からも望め、その山容から信仰の対象でもあり、対馬の象徴と言える。

対馬へは、福岡、長崎、釜山からの船便と、福岡、長崎からの空路がある。対馬の魅力は、海、山と島々の自然美とともに、大陸との交流の中継点としての古い文化遺産にある。食も海鮮を中心に美味だ。

白嶽の一般登山コースは山麓の洲藻《すも》からがよい。路線バスでも行けるが、乗り換えの便が悪く、考えものだ。島ではレンタカーがポピュラーなので、借りるかタクシーが時間節約に便利。対馬空港や厳原《いずはら》港から車で約30分。白嶽神社を左に見て、立派なトイレがある白嶽登山者用駐車場へ至る。車でさらに15分で登山口に達する。

登山口にはきれいな滝があり、社もある。ここより谷沿いに傾斜の緩い植林帯を約30分登ると植物説明看板があり、前嶽からの尾根が張り出し、大岩が累々とする照葉樹林帯に入る。急傾斜をひと登りすると、白嶽神社の鳥居があり、上見坂方面への登山道を分ける。

登山道は一気に傾斜を増し、祓戸神社を越え、シイの木や樫の木に張り巡らせたロープを頼りに、浮石に気をつけて登ると山頂下の広場だ。石灯籠やこま犬がある。また、ここから右に行くと岩のテラスに出る。さらに巨岩の間の岩場をロープ伝いに50メートル程登ると、雄嶽《おだけ》と雌嶽《めだけ》の間のコルに達する。コルを越し反対側に5メートルほど下り、左へ上がる。高度感のある稜線《りょうせん》に出て、さらに岩場を数メートルよじ登ると518メートルの雄嶽山頂だ。子ども連れや岩場に慣れない人は慎重に通過しよう。

山頂は畳10畳程度の広さだが、晴れていれば360度の大展望が得られる。風が強いときが多いので、帽子や持ち物を飛ばされないよう注意しよう。

下山は、頂上直下の岩場と白嶽神社の鳥居までの浮石に注意すれば特に難しいことはない。眺めてよし、登ってもよし、神秘的な雰囲気が味わえる魅力的な山だ。

（日本山岳ガイド協会理事長　磯野剛太）

白嶽

ガイドの目

対馬には他にも登りやすい山があるが、白嶽こそ秀麗第一に挙げられる。登山口までマイカー、レンタカーやタクシーを利用すれば、半日登山である。しかし山容は急峻《きゅうしゅん》で特に、岩場の部分では慎重に行動しよう。

上見坂方面からの登山道は、2015年時点では、入り口が倒木等で分かりづらいようだ。花は3月のヤマザクラ、4月のツツジ、5月～6月にヒトツバタゴやヤマボウシ、夏のキスゲ、秋のキク科と豊かだ。

ツシマヤマネコの標識は、道路上でよく見るが、まず遭えない。日帰り温泉は2カ所ある。山の帰りにちょうど良い。

参考タイム

登山口（40分）－白嶽神社鳥居（40分）－山頂（1時間10分）－登山口

国土地理院2万5千分の1「阿連」

88

普賢岳

fugendake

悲劇のドーム、眼前に
四季楽しむ雲仙の主峰

島原半島中央の雲仙火山群の主峰だ。一帯は1934年に日本初の国立公園に指定されたが、90年11月に大噴火し、翌年、火砕流により43人の犠牲者が出る惨事が起こった。悲劇の山として記憶に刻まれている。この大噴火で生まれた溶岩ドームは標高1483メートルまで隆起し、平成新山と名付けられた。火山活動は沈静化したが、入域禁止中。登山できる普賢岳頂上から、荒々しい溶岩ドームを望める。四季それぞれ登山者でにぎわう。初夏は10万本のミヤマキリシマの大群落。秋にはコミネカエデなど多くの植物が鮮やかに色づき、冬は「花ぼうろ」と呼ばれる霧氷の輝きに包まれる。

ルートは仁田峠のロープウエー駅横より妙見岳（1333メートル）山頂下の妙見神社

長崎・雲仙市

1359m

から国見分かれを通り、噴火後の安全が確認された鬼人谷《きじんだに》へのコースと、駅舎右の普賢神社拝殿前から入るあざみ谷コースがある。ただ、鬼人谷の途中が土砂崩れで一部通行止めのため、鬼人谷部分をカットして紹介する（２０１７年現在通行止め解除）。

仁田峠が登山口だが、駐車場は長時間の駐車が難しいため、麓の池ノ原園地（駐車約50台）に車をとめ、仁田峠まで整備された登山道を約40分、トレーニングを兼ねてゆっくり登るとよい。仁田峠からは妙見神社へ約1キロの急登だ。妙見神社から国見岳への尾根を分岐点・国見分かれに向かう。健脚者は分岐から国見岳（１３４７メートル）への急登を25分ほど登り、頂上から普賢岳や有明海の展望を楽しもう。戻って、分岐から鬼人谷分かれと呼ばれる鞍部まで急斜面を慎重に下る。紅葉シーズンには国見岳東斜面が紅、黄、緑の見事な三色に染まる。

鬼人谷分かれの右手が紅葉茶屋（茶店はない）。普賢岳とあざみ谷の分岐で、ここから30分、溶岩を縫って登ると普賢岳の頂上だ。山頂からは、枯れた樹林の上方に固まった溶岩が積み重なる平成新山がすごい迫力で眼前に迫る。南に天草灘が広がり、遠く霧島、桜島、阿蘇、くじゅうの山並みも見渡せる。下山は、紅葉茶屋まで急な斜面を慎重に下る。一休みし、整備されたあざみ谷への登山道を1時間余り行くと仁田峠に着く。

（日本山岳ガイド協会正会員　柿木信夫）

ガイドの目

全体的に危険箇所は少なく、子どもでも楽しめる。しかし、長崎県の最高峰の一角でもあり、足元はトレッキングシューズか登山靴が望ましい。9月からは装備も次第に秋～冬支度となる。山中にはトイレがないので仁田峠登山口で済ませるとよい。途中水場もない。

ロープウエー事務所では普賢岳登頂証明書を1枚100円で発行している。登山記念に購入してもいい。下山後は雲仙温泉、小浜温泉で日帰り入浴温泉を探し、疲れを癒やして帰路につこう。

参考タイム

仁田峠駐車場（40分）—妙見神社（30分）—国見分かれ（10分）—鬼人谷分かれ・紅葉茶屋（30分）—普賢岳（20分）—紅葉茶屋（25分）—あざみ谷（45分）—仁田峠駐車場

国土地理院2万5千分の1「島原」「雲仙」

89

八郎岳

hachirodake

世界遺産軍艦島を眼下に ニホンジカに会えるかも

長崎・長崎市

590m

長崎半島の中央に位置する長崎市の最高峰。山頂からの眺望は素晴らしい。眼下には海が迫り、東に橘湾、西から北には長崎港の大小のドック群。南西には世界文化遺産、端島《はしま》（軍艦島）を含む数々の島々を望む。一風変わった山名は鎮西八郎と称した平安時代の武将、源《みなもとの》 為朝《ためとも》に由来するという。山腹にはニホンジカが生息し、途中で出合うことも。

登山口から2時間程度で登れるため小学生からシニアまでの幅広い年齢層に人気がある。山頂往復だけなら初心者向けだ。今回は八郎岳～小八郎岳（５６４メートル）～千々峠《ちぢとうげ》（乙女峠、約４２０メートル）を経由する4時間前後の周回コースを紹介する。健脚には北の長崎中心部（唐八景、市民の森）へ向かう約7時間コースなどの選択が可能だ。

長崎市内からバスで川原、樺島・脇岬方面への路線を利用し、平山バス停で下車。バス停のすぐ先の信号を左折し200メートルも歩くと墓地に出る。ここが登山口で、山頂までの標高差は500メートル余りだ。地図が示されており、フェンス沿いに登り始める。墓地を抜け、しばらく雑木林の中を進むと涼しい風の吹く尾根に出る。45分ほどで中間地点だ。標識がある。歩を進めると、雑木林から杉林に変わる。杉林を抜けて急登となり、再度雑木林を出ると視界が一気に開ける。その先、広くなだらかな草地の頂上に出れば、佐賀県境の多良岳から雲仙、阿蘇山群、天草諸島、軍艦島、長崎市街や世界文化遺産の大型クレーンのある長崎港まで見渡せる。

頂上で景色を十分満喫した後は、小八郎岳、千々峠に向かう。道標に従い頂上から奥に進むとやがて小八郎岳、千々峠への道標が出てくる。そこから小八郎岳を越え、最低鞍部の広々とした千々峠。小休憩をし、道標（平山へ）に従い、右折して少し荒れた急斜面を下る。やがて小さい沢沿いになり、お堂水場に出る。冷たい沢水でほてった顔や手足を冷やして下山するのもいい。30分も下れば登山口に戻る。

車でのアクセスなら、バス停の1キロ余り手前にある無料のえがわ運動公園駐車場に駐車し、登山口近くの墓地や農園の駐車場利用は避けてほしい。

（日本山岳ガイド協会正会員　柿木信夫）

八郎岳

ガイドの目

全体的に危険箇所は少ないが、滑りやすい場所もあり、スニーカーは避けたい。日没の影響が大きい林間のコースなので、入山は早めに。過去、小学生が午後から山に入って遭難騒ぎとなった例もある。

長崎半島の先まで約21キロの野母《のも》半島サイクリング道路が山麓を走る。スタート地点は近く、自転車持参になるが、登山とサイクリングを組み合わせて楽しむ手もある。

車なら下山後、温泉と旬の魚料理を楽しめる「Alega軍艦島」に回り、風呂から軍艦島を眺めて疲れをいやすのもいい。

参考タイム

登山口（45分）－中間地点（50分）－八郎岳頂上（25分）－小八郎岳頂上（25分）－千々峠（30分）－お堂水場（30分）－登山口

国土地理院2万5千分の1「長崎西南部」「千々」

90

俵山

tawarayama

熊本・西原村

1095m

阿蘇の大展望、足元彩る花
外輪山きっての人気の山

2015年9月に阿蘇山の中岳が噴火し、阿蘇五岳《ごがく》は一部を除き登山禁止となった。だが、阿蘇は五岳だけではない。阿蘇を「世界の阿蘇」にしているのは周囲約128キロ、東西18キロ、南北25キロの世界有数のカルデラ、阿蘇外輪山だ。その中に阿蘇五岳があり、数万人が暮らす。そんな阿蘇の姿を一目で見渡せるのが南外輪山の一角を占めるこの山である。外輪山の中でも、展望、野の花の多さ、バラエティーに富んだコースから登山者の数が抜きんでている。その姿は山腹に立つ発電用風車とともに熊本平野からも目立つ。

登山コースは山頂に一番近い俵山峠からと、熊本平野側の麓にある揺ケ池《ゆるぎがいけ》からに利用者が多い。小さな子どもを連れたファミリーハイクから、一日かけてしっかり歩きたい登山者まで対応できるコースの多様さも人気の一因だ。今回は俵山峠から登り、揺ケ池に下る。俵山峠までは、熊本市内からバスで揺ケ池へ行き、そこからタクシーで向かう。

標高約710メートルの俵山峠展望台で阿蘇五岳、南郷谷、南外輪山の大パノラマを堪能し登山開始。その上の展望台を経て俵山山頂手前にある護王峠分岐までは主に黒土の道で急登と平たんを繰り返す。左手は阿蘇の大展望、足元に花々が咲き、疲れを感じさせない。東外輪壁の標高差約100メートルの急登を登り切った分岐を西へ。数分で山頂だ。展望は抜群。東は阿蘇五岳と祖母山系、その左奥にはくじゅう連山、南には九州脊梁山地の山々、西には熊本平野、さらに遠く雲仙や天草まで見渡せる。

揺ケ池へは二つの下山コースがある。山頂から北へススキの中を進み、928メートル、612メートルピークを経て日の丸公園へ下るコース。雲仙や熊本市の展望に恵まれるこちらをお勧めしたい。もう一つは西へ進み、小森牧野を通って下るコース。どちらも2時間半ほどの行程だ。

揺ケ池コースの登山口でもある俵山交流館「萌《もえ》の里《さと》」には登山者のみならず、南阿蘇の自然を求めて多くの人々が訪れる。秋には隣接するコスモス園が美しい。


（日本山岳ガイド協会正会員　原田重臣）

俵山

ガイドの目

コース上にトイレ、水場はない。トイレは俵山峠で済ませておき、水もコースに合った十分な量を持参しよう。雨天時、雨上がり後の登山道は滑りやすく注意が必要。

マイカーなら俵山峠からの往復、または揺ケ池からの往復の手もある。揺ケ池から登る際は、隣接する俵山交流館「萌の里」でガイドマップを入手したい。お弁当があり、ミルクたっぷりのソフトクリームも人気だ。

阿蘇は温泉の宝庫。古くからある地獄温泉、垂玉温泉をはじめ南郷谷の温泉巡りも楽しみ。

参考タイム

俵山峠（20分）－展望台（1時間20分）－護王峠分岐（5分）－俵山山頂（40分）－928メートル地点（1時間）－612メートル地点（50分）－揺ケ池

国土地理院2万5千分の1「立野」「大矢野原」

91

次郎丸岳

jiromarudake

天草の鋭峰、海の眺望
晩秋から楽しむ兄弟の山

熊本・上天草市

397m

太郎丸岳は281m

２０１６年４月、熊本県は２度、震度７の地震に見舞われた。熊本を代表する阿蘇山も、10月に爆発的噴火があった。しかし晩秋から熊本の低山を楽しむなら、天草が最適だ。海と山の自然にあふれる。そんな天草の山の魅力は手軽さと眺めの良さ。中でも群を抜いて人気なのが次郎丸岳・太郎丸岳だ。

二つの山は兄弟とされる。山容は東壁が天草砂岩からなる巨岩・奇峰の断崖で雄々しい。名前から太郎丸の方が高いように思うが、実は次郎丸の方が１１６メートルも高い。地元の言い伝えでは、弟思いの太郎丸が「美しい夕日の景色を見られない次郎丸のために場所を入れ替わろうと動きだした。同時に頂上は崩れ、弟の次郎丸より低い山になってしまっなりたいと大喜びしたという。その後、弟の次郎丸は北側の天草松島の美しい景色と夕日を見られるようになり大喜びしたという。

登山口に近い今泉三差路まで熊本市内からバス便がある。登山口には看板と無料駐車場がある。標識に従い西辺集落を抜けると、雑木林の山道に入る。涸れていることの多い長寿の湧水を過ぎ、ほどなく遠見平へ達すると次郎丸岳の岩壁が見える。すぐに太郎丸分岐だ。まず右の太郎丸岳へ。分岐からは30分ほどで太郎丸岳山頂。千元森岳の岩壁と天草松島の大展望、南には次郎丸岳の切り立った山容がりりしい。

分岐に戻り次郎丸岳へ。緩やかな登りから、山頂から切れ落ちた岩壁が近づき、ジグザグの「いなずま返し」やロープで大岩を登る「次郎落し」など、ユニークな名前のついたコースを登っていく。やがて住吉神社からのルートと合流し山頂手前の大岩「見晴岩」に出る。眼下に雲仙、有明海、天草松島を望む、天草の山々の中でも一番と言っていい素晴らしい眺望を誇る。見晴岩を越え南に行くと、弥勒菩薩《みろくぼさつ》の祠《ほこら》があり、その奥が次郎丸岳山頂だ。ここからの眺めもまた素晴らしい。天草松島や、有明海、不知火海に浮かぶ島々、眺望が利く晩秋から冬場は遠く阿蘇の山々や九州脊梁《せきりょう》山地の山々まで見渡せる。

下山は往路を戻る。

（日本山岳ガイド協会正会員　原田重臣）

次郎丸岳

ガイドの目

登山適期は、ツワブキの花が咲きだす11月ごろから、アマクサミツバツツジなどが咲く4月ごろ。低山で海にも近いのでヤブツバキ、モッコク、シャリンバイなどの木々の花も楽しみ。シダ植物も多い。

登山口、コース上にトイレはない。水場もないので事前に準備を。

このルート以外には、住吉神社登山口がある。下山道として利用し、今泉登山口までバスを利用する方法もある。

天草五橋が開通して50年余り。風光明媚《めいび》な天草には温泉も多く、海の幸も豊富だ。

参考タイム

今泉登山口（20分）－西辺集落（30分）－太郎丸分岐（30分）－太郎丸岳（20分）－太郎丸分岐（30分）－見晴岩（5分）－次郎丸岳（25分）－太郎丸分岐（20分）－西辺集落（20分）－今泉登山口　▼住吉神社コースへ下山の場合＝次郎丸岳（5分）－見晴岩（20分）－後山コース分岐（40分）－住吉神社登山口

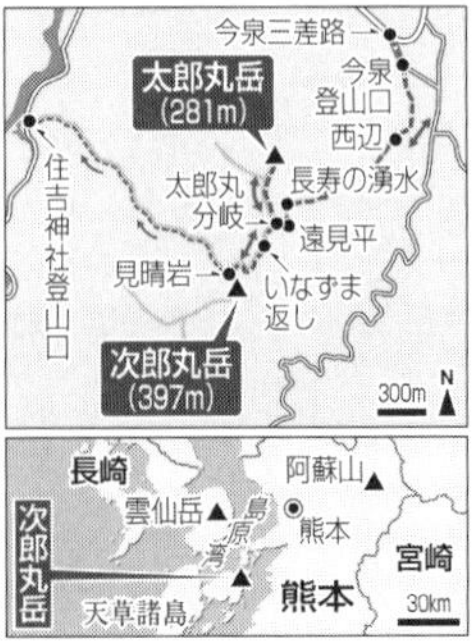

国土地理院2万5千分の1「姫浦」

92

万年山

haneyama

大分・玖珠町

1140m

珍しいテーブルマウンテン ミヤマキリシマと天上漫歩

万年山と書いて「はねやま」と呼ぶ。東西に約9キロ、南北に約7キロ。面積が広く、東西約3キロの山頂部も平たいテーブル状となっている。これは、地質の軟らかい部分が浸食により削られ、硬い部分が残ったことでできた珍しい地形だ。専門用語で「メサ」と呼び、万年山はこれが二重にあるので、それぞれを上万年《うわばね》、下万年《したばね》と呼んでいる。この珍しいダブルメサ地形は、日本の地質百選にも選定された。

また、山頂には1等三角点が埋められ、三角点名は「羽根山」となっている。奈良時代にまとめられた『豊後国風土記』によると、昔、当地には、大きな樟《くす》が茂り、日が当たらずに困った住民が切り倒した。その切り株が伐株山《きりかぶやま》で、大樟が倒れる際にはね上げた土が山となり、万年山となったという言い伝えもある。玖珠の地名は、樟が由来とも。

この平たい万年山は、放牧地ともなり、豊後牛が草をはみ、明るくのびやかな山道は、おおらかな天上漫歩を楽しめる。春から秋にかけて草原の花も多く、キスミレ、スミレ、ハルリンドウ、アセビ、ミヤマキリシマ、ミツバツツジ、カワラナデシコ、キスゲ、マツムシソウが見られる。

5月最終日曜日には、山開きが行われる。8合目から9合目にかけて広がる4カ所のミヤマキリシマ群落は、九州の中でも最大級。「周回コースぐるっと一周2重メサ」の10キロコースも整備され、トレッキングもできる。また、九州自然歩道のトレイルも、北面の伐株山から、万年山の山頂を通り、南東の宝泉寺温泉へと続いている。

8合目の登山口、吉武台牧場へは国道210号より約6・5キロ。登山口で車を置き、牧野道を歩く。トイレ、水のある9合目の避難小屋の100メートルほど先から左手の山道を登ると、上万年の草原に出る。

1等三角点の山頂からは、360度の眺望が楽しめる。北面の宇佐地方の山々、東には由布鶴見山群、南東部にはくじゅう連山、南に阿蘇の五岳、西方は熊本や福岡の山々が素晴らしい。


（日本山岳ガイド協会正会員　安東桂三）

万年山

ガイドの目

登山口には、吉武台牧場の協力による大きな駐車場がある。牧野道の途中には9合目避難小屋とトイレ、給水施設も。登山口までの林道は狭く、車の運転は要注意。

5月の山開きの日には、玖珠町からシャトルバスが運行される予定。問い合わせは玖珠町観光協会、電話0973（72）1313へ。

「周回コースぐるっと一周2重メサ」の10キロコースは、9合目避難小屋先より、周回3時間弱。

参考タイム

吉武台牧場の駐車場（30分）－9合目避難小屋（10分）－万年山（40分）－吉武台牧場の駐車場

国土地理院2万5千分の1「豊後中村」「杖立」「豊後森」「天ケ瀬」

93

元越山

motogoeyama

大分・佐伯市

582m

国木田独歩の愛した山
「国内ベスト4」の眺望

明治の文豪、国木田独歩《くにきだどっぽ》は1893（明治26）年10月より翌年まで、私学の鶴谷学館の教師として佐伯に滞在した。独歩は、下宿の裏手にある城山を愛し、何度も登ったといわれる。この下宿の窓より、元越山を眺めては、いつかは登りたいと思っていたという。

独歩は、93年11月5日に元越山に登り、『欺《あざむ》かざるの記』には「吾窓よりの眺めの余りに美しさに堪え兼ね、昨日遂《つい》に此山に登りぬ」と記した。また翌年4月にも、登っている。

山頂には、彼の「元越山に登るの記」の一節を刻んだ記念石碑がある。それを紹介しよう。

「元越山

山巓《さんてん》に達したる時は、四囲の光景余りに美に、余りに大に、余りに全きがため、感激して涙下らんとしぬ。ただ、名状し難き鼓動の心底に激せるを見るなり。

太平洋は東にひらき、北に四国地手にとるがごとく近く現われ、西および南はただ見る山の背に山起り、山の頂に山立ち、波のごとく潮《うしお》のごとく、その壮観無類なり。

最後の煙山《えんさん》ついに天外の雲に入るがごときに至りては…」


独歩が眺望の美しさに涙を流したという山頂には1等三角点が設置されている。地図を作る国土地理院の調査員が、元越山の眺望は国内にある三角点のベスト4に入る、とたたえたとも伝わる。


いくつかのルートのうち、ポピュラーな佐伯市中野《なかの》河内《かわうち》からの往復コースを紹介しよう。

登山口の駐車場より、モウソウダケ林と照葉樹の尾根道を登ると、やがてヒノキの植林地となり、約1時間で、「下の地蔵」。左の尾根の斜面を登り、稜線《りょうせん》へ出て、林道を越え、右へ50メートル程歩き、山道を進むと「中の地蔵」。登りと平らを、3度ほど繰り返すと1等三角点のある元越山の頂だ。眺望は３６０度。東は、豊後水道でもある日豊海岸国定公園の島々と遠くに四国、北から西にかけては、由布岳《ゆふだけ》、鶴見岳、くじゅう連山、祖《そ》母《ぼ》傾《かたむき》山群、大崩山《おおくえやま》、南には大分、宮崎県境の山々が望める。

素晴らしい眺望を楽しんだら、往路を引き返す。


（日本山岳ガイド協会正会員　安東桂三）

ガイドの目

登山口には、地元の協力で駐車場やトイレがあり、竹のつえも用意してある。この山を愛する地元の意識が伝わってくる。

登山口以外には、トイレもなく、紹介したルートには水場もない。標高が低いので、気温の高い時期は、十分な給水を考えてほしい。このルート以外にも、浦代浦《うらじろうら》、色利浦《いろりうら》、空の地蔵から石槌山《いしづちさん》経由の縦走コースもある。どのルートも夏は、熱中症に注意が必要。

佐伯市内には国木田独歩の下宿が資料館となって公開されている。

参考タイム

中野河内登山口（1時間）－下の地蔵（25分）－中の地蔵（30分）－元越山（25分）－中の地蔵（20分）－下の地蔵（45分）－中野河内登山口

国土地理院2万5千分の1「畑野浦」「佐伯」

94

釈迦ケ岳

shakagatake

日向灘の御来光望む山
表示充実、歴史ある寺も

宮崎・国富町

831m

日向灘《ひゅうがなだ》から昇る、その日生まれたての太陽を眺める。そんなぜいたくな時間を楽しめるのが釈迦ケ岳の山頂である。九州山地の南の端に位置するこの山のスタートは法華嶽薬師寺《ほけだけやくしじ》から。ここは新潟の米山薬師《よねやまやくし》、愛知の鳳来寺《ほうらいじ》と並ぶ日本三薬師の一つと言われる。平安時代の歌人、和泉式部が病の治療に訪れたとの言い伝えが残る歴史深い場所である。

バス利用よりマイカー登山者が多い。薬師寺裏手の広い駐車場から登山道入り口へ向かう。トイレを過ぎるとしっかりした表示板のある登山口がある。道は作業用車両が通れる広さで歩きやすい。2合目の先で一度右側斜面の山道に入りショートカットするが4合目下で再び作業道へ出る。

この山を初心者にもお勧めできるポイントの一つは、1合目ごとの表示板、そして山頂までの距離が500メートルごとに表示されている点である。ベンチのある6合目まで作業道を登り、そこからは一般的な登山道になる。南国特有の照葉樹の森が辺りを彩り、目に優しい空間をつくっている。

7合目を過ぎ、東側の展望の良い広場に出る。ここはベンチもあり休憩にはもってこいの場所だ。この先、部分的に斜面が急なところが出てくるので注意が必要。また9合目付近に岩場があってこのコース中で唯一の難所になるだろうか。あずま屋が左手に見えてくると山頂は近い。春ならばピンクのコバノミツバツツジが見られるのもこの辺りからである。山頂は奥にお堂があって、東と南側が開け、宮崎平野が一望できる。その先に日向灘が見える。正確にはここより一段高い所に三角点があり山頂表示がある。

宮崎市からそう遠くなく、適度な時間で登れるポピュラーな山だけに、冒頭のように、展望の良さから初日の出を山頂で迎えようとする人も多い。海からの御来光を山の上で見ることができる貴重な場所である。

付近の小中学校の校歌にも登場し、地元の人々にも愛され、その存在感が印象付けられている釈迦ケ岳。歴史に彩られたこの山は魅力あふれる低山だ。

（日本山岳ガイド協会正会員　楠木正和）

ガイドの目

登山道は整備されており迷う心配はないが、御来光登山の場合、ヘッドライトは必携。手に持つ懐中電灯は適していない。また、できれば一度は昼間に登り、ルートを確認しておくべきだろう。

6合目から上は部分的に岩場があり若干歩きにくい所もある。足場を選び歩幅を小さくして歩こう。加えてスリップ防止のため、木の根に足を乗せないようにしたい。

山中にトイレはない。登山口で済ませたい。ルート上に水場はないので事前に用意しておこう。

参考タイム

薬師寺裏駐車場（5分）－登山口（20分）－2合目ショートカット道入り口（30分）－6合目（20分）－展望の良い広場（35分）－山頂
帰路は往路を戻り、薬師寺裏駐車場まで1時間20分。

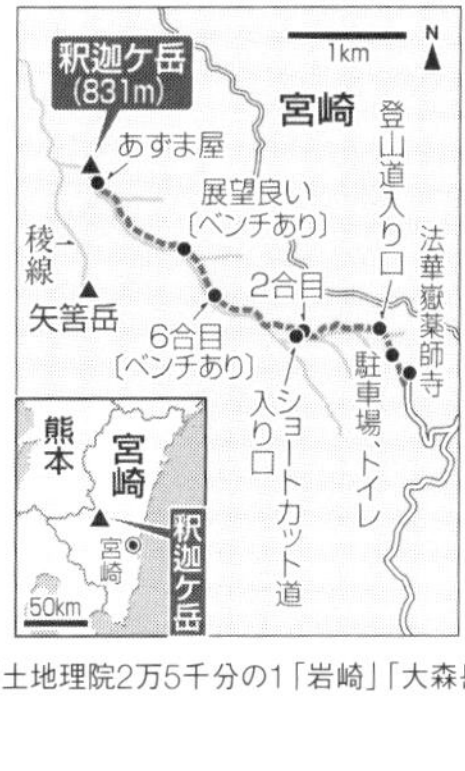

国土地理院2万5千分の1「岩崎」「大森岳」

95

高千穂峰

takachihonomine

龍馬、ハネムーンの山
歴史と品格を備えそびえる

宮崎・高原町
都城市

1574m

大小20余りの火山を有する霧島山系は春から夏にかけて多くの花に彩られ、周辺には数多くの温泉が点在する。山塊の中でもひときわ山容の美しさを誇るのが、この山だ。古来ニニギノミコトがここから国づくりを始めたという天孫降臨の神話に満ちた山でもある。山頂への登山道はいくつかあるが、今回は最も一般的で初心者にも人気の高千穂河原からスタートするコース。霧島山系は宮崎、鹿児島両県の県境に位置し、高千穂峰は山頂こそ宮崎県だが、高千穂河原は鹿児島県にあり、コースの半分以上は両県をまたいで歩く。高千穂河原の広い参道を進むと霧島神宮古宮址がある。その前を右へ行き、登山道に入る。アカマツの林の中、しっかり整備された道だ。火山灰の砂れきが深くなってくると間もなく樹林帯を抜け、正面に火山特有の赤い岩を持つやや急な斜面になる。山頂手前の「御鉢」と呼ばれる火口への登りで、粒子状になった火山灰がずるずると滑り、歩きにくい。登り切ると右下に大きな火口が現れ、ここでいよいよ目指す山頂が正面に見える。

馬の背と呼ばれる狭い火口縁を進み、鞍部に下ると鳥居と石の祠《ほこら》がある。現在、霧島市にある霧島神宮はもともとこの場所にあったのだが、噴火による焼失で登山口の高千穂河原に移され、さらにそこでも噴火の影響を受け現在の場所になったという。鞍部から急なガレ場をジグザグに登ると、一息で360度の展望が得られる高千穂峰の山頂に到着する。

頂上では天《あめ》の逆鉾《さかほこ》が存在感を示す。眺望にも優れ、南に噴煙を上げる桜島、北西には霧島山系最高峰の韓国岳《からくにだけ》へとのびる山々、北は小林、南東に都城の街を望める。

実は高千穂峰は江戸時代末期、坂本龍馬が妻のおりょうとともに霧島へ温泉療養に訪れた際に登った山なのである。この旅は一般的には新婚旅行の先駆けといわれる。

歴史と品格をもってそびえる高千穂峰だが、霧島山系を代表する花、ミヤマキリシマが少ないのが残念だ。帰りは往路を戻ろう。

（日本山岳ガイド協会正会員　楠木正和）

高千穂峰

ガイドの目

登山口の高千穂河原はバス便はあるが数が少ない。約200台駐車可能な駐車場以外にビジターセンター、売店、水場、トイレなどがある。登山の情報収集と登山届はビジターセンターで。

2011年の新燃岳噴火以降、霧島縦走路は使えないが、高千穂峰は全コース登山可能だ。

御鉢へ登り始めた辺りから樹林がなくなる。風雨の影響を受けやすいので雨具はもちろん防寒具は必携。高千穂峰は冬でもめったに雪が積もることはないが、火山れきが靴に入ることがあるのでスパッツがあると便利。

参考タイム

高千穂河原駐車場(5分)ー霧島神宮古宮址(50分)ー御鉢火口縁(20分)ー鞍部(25分)ー高千穂峰(1時間20分)ー高千穂河原駐車場

国土地理院2万5千分の1「高千穂峰」

96

藺牟田池外輪山

imutaikegairinzan

若葉鮮やか水辺の木々
家族連れから本格派訓練まで

鹿児島・薩摩川内市さつま町

最高峰 片城山 509m

山の価値は標高ではない。鹿児島市の中心部から北北西に車で１時間程のところにあるこの山は、直径約１キロの藺牟田池を取り囲んで、飯盛山《いいもりやま》（４３２メートル）、舟見岳《ふなみだけ》（４９９メートル）、山王岳《さんのうだけ》、片城山など六つのピークが連なっている。

藺牟田池は低層湿原として国指定の天然記念物で、ラムサール条約に登録もされた、絶滅危惧種ベッコウトンボの生息する火口湖である。湖面の標高は約３００メートル。最高峰の片城山は５００メートル強なので、標高差はわずか２００メートル程しかない。

それでも地元の登山者から愛される一番の魅力は、この明るい池を眺めながら、四季を通じて安心して自由に登れることである。右回りでも左回りでも、飯盛山だけでも一向に構わない。体調が悪くなっても、池を一周する道に下りれば登山口に戻ることができる。一方忠実にルートをたどれば、六つのピークを登り下りするため4時間から5時間の充実した登山となる。ファミリーの楽しみから日本アルプスへの訓練まで、さまざまなニーズに応えてくれる。舟見岳と山王岳の間には竜石《たついし》という岩場があり、クライミングの対象になっている。また周辺には、若者に人気のボルダリングのエリアもある。

新緑の季節の一番の魅力は、池から伸びるラクウショウ（別名ヌマスギ）の鮮やかな若葉である。飯盛山北西の岸辺などで見られる。

一般的な登山は、池の南東の駐車場から、南の愛宕山《あたごやま》（約480メートル）に登り、右回りに縦走して最後の飯盛山のらせん状登山道をピストンして戻るか、霧島連山や桜島を望む飯盛山から逆に縦走するかのいずれかである。道標が整備されているので、安心して歩けるが、池に通じる車道がいくつかあり、誤って外輪山の外側に進まないよう注意すること。

鹿児島は温泉が多く、登山後は温泉で汗を流して帰ることが常識となっている（ダニ退治の意味もある）。その中でも藺牟田池外輪山周辺は特に多く、山麓に藺牟田温泉や入来《いりき》温泉、10キロも行けば市比野《いちひの》温泉とさまざまな温泉があり、疲れを取ってくれる。

（日本山岳ガイド協会正会員　内山憲一）

蘭牟田池外輪山

ガイドの目

低山全般に当てはまるが、ハチやヘビと遭遇したら冷静に対応し、速やかにその場を離れること。動物のテリトリーを、部外者が通らせてもらっているという意識で、謙虚に自然と接しよう。

また小さいが一番注意が必要なのがダニだ。暑い時期も長袖シャツや長ズボン、手袋で肌を露出させない。半袖の場合アームカバーを併用する。

トイレは駐車場にあるので出発前に済ませ、スポーツドリンク等水分を十分用意して出発する。右回りでは舟見岳、山王岳、片城山の下り坂が急なので注意が必要だ。

参考タイム

駐車場（1時間10分）ー舟見岳（50分）ー竜石（1時間10分）ー片城山（1時間10分）ー飯盛山（20分）ー駐車場

国土地理院2万5千分の1「塔之原」

97

尾岳

otake

鹿児島・薩摩川内市

604m

カノコユリ、海と山楽しむ歴史と自然の島の最高峰

薩摩半島の30〜40キロほど西方、東シナ海に浮かぶ甑島《こしきしま》列島は上、中、下の甑島と無人島からなる。古くは遣唐使の停泊地と伝えられ、国定公園に指定されている。この山は下甑島にあり、列島の最高峰。夏は島に自生する薄紅色のカノコユリが、帰路などに目を楽しませてくれるだろう。登山だけではなく、海水浴を兼ねて訪れれば、海と山を楽しめる。

アプローチは川内港から新造された高速船か、串木野新港からフェリーを利用して下甑島の長浜港に渡る。港に近づくにつれ、集落の後方にそびえる尾岳が大きく見えてくる。港から登山口までは、船と接続している瀬々野浦行きのコミュニティーバスを使うと便利だ。

登山口は、バス停のある航空自衛隊の基地正門のすぐ先で、数台の駐車が可能だ。ここから山頂までの標高差は150メートルほどしかない。登山道は照葉樹林帯の中の一本道で、ほとんど尾根をたどるので分かりやすい。ただ、急な坂もあるので、スリップに注意。何回かアップダウンを繰り返し、樹林帯を抜けると1等三角点のある開けた山頂に着く。

天候に恵まれれば海と山の展望が広がる。山頂から少し先へ行くと第2展望所で、下甑島北部の鹿島地区や甑島列島の複雑なリアス海岸の景色が飛び込んでくる。目をこらすと、建設中の下甑島と中甑島を結ぶ橋も見える。

帰りは転倒しないよう気を付けて往路を引き返す。甑島にはイノシシやシカなどの大型動物はいないが、マムシはいるので不用意に草むらに踏み込んだりしないように注意してほしい。

登山口から長浜まで戻るバスの本数は少ない。事前に時刻表を確認して頂上でゆっくり昼食を取るなど時間調整するか、島で宿泊するなら宿泊先の車で迎えに来てもらう交渉をしておくと良い。バスの待ち時間が長いなら港まで歩いて下る。2時間ほどの舗装道歩きとなるため、運動靴など底の柔らかな靴に履き替えた方が楽だろう。夏場は道沿いにカノコユリが咲いており、単調な下山を慰めてくれるはずだ。


(日本山岳ガイド協会正会員　内山憲一)

尾岳

ガイドの目

下甑島の見どころは多く、北部の鹿島地区は、ニシノハマカンゾウ（6月〜7月）やカノコユリ（7月〜8月）の群生地がある。南部の手打地区では、武家屋敷通りや下甑郷土館で歴史や文化に触れることができる。島のシンボル的存在のナポレオン岩や瀬《せ》尾《び》観音三滝といった景勝地も散在する。

甑島の魅力の一つは、豊富な海の幸だ。キビナゴ、赤イカ、薩摩甘エビ（タカエビ）など魚介類が新鮮でおいしい。

上甑島では長さ4キロもある砂州、長目の浜などの景勝地巡りや、クルージング、海水浴などもお勧めだ。

参考タイム

登山口（1時間）－尾岳（40分）－登山口（2時間）－長浜港

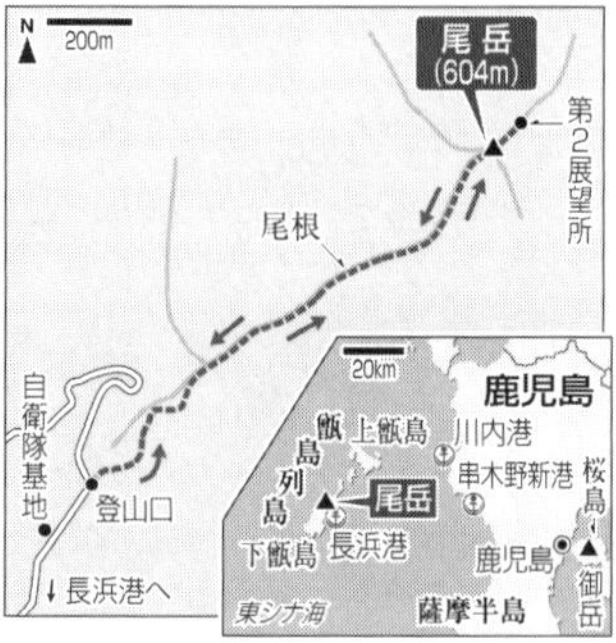

国土地理院2万5千分の1「青瀬」

98

高隈山・御岳

takakumayama
ontake

鹿児島・鹿屋市

1182m

山トンガリをもって貴し
南限のブナが育つ山

『日本百名谷』という本に、著者の岩崎元郎《いわさきもとお》氏が「山高きが故に貴からず、山トンガリをもって貴しとす」という言葉を聞いた経験を紹介している。

大隅半島で桜島の南東にある高隈山は、鹿児島市街地から桜島の右手に見えるトンガリ山の多い山群の総称で、左手に見え、丸みを帯びた山の多い霧島と好対照である。

高隈山の主峰、大篦柄岳《おおのがらだけ》（1236メートル）に対し、2番目に高く堂々としたトンガリ山が御岳である。南限のブナとミズナラが育つ山だ。山頂の1等三角点からは360度の展望が得られ、霧島や開聞岳、錦江湾や志布志湾も見渡せる。冬場は運が良ければ山頂付近で霧氷も見られる。秋には固有種のタカクマホトトギスの黄色い花も山を彩る。

バス便などが不便なので、車利用となる。陸路を東九州自動車道から向かってもいいが、鹿児島市から垂水フェリーか桜島フェリーを利用する海路もひと味違うだろう。このルートは鹿屋体育大学近くから登山口へ至る。

登山口のテレビ塔下へ向かう途中で現れるのが鹿屋市営の鳴之尾《めいのお》牧場。赤い屋根の建物と広い牧場を取り囲むように連なる山々が、牧歌的な雰囲気を醸し出している。

登山口には5合目の表示があり、数台の駐車スペースがある。出発して複数のテレビ塔のある忠兵衛岳（９３４メートル）までは登り下りやジグザグ道があるものの広い登山道が続く。一番高いテレビ塔は絶好の休憩ポイントで、景色が良く、西に見える平岳の中腹に落差60メートルの白滝が見える。ここから一度下って、鎖場を登り返し、東斜面をトラバース気味に進む。次の鎖場を登ると次第に傾斜が急になる。8合目には、南限のミズナラと水場がある。さらに急登を乗り切ると頂上だ。山頂にはケルンと山名表示板、1等三角点が立つ。ケルンには高隈竜王大権現の表札がある。修験道の山の名残か。北に主峰の大箆柄岳、その左に妻岳、平岳と高隈連山が見える。また妻岳の後方には桜島も顔を出す。

下りは往路を引き返す。雨や雪の後など悪条件の下りは、急坂が多いので慎重に。帰路の鹿屋には大きなバラ園があり、春と秋には多くの訪問客でにぎわう。

（日本山岳ガイド協会正会員　内山憲一）

ガイドの目

高隈山は花こう岩の山で巨岩や大滝など見どころは多い。体力と経験次第では御岳から主峰や、横岳から御岳への縦走、また両方をつなげた完全縦走も可能だろう。クライミングや沢登りのルートも多い。

良い山が多い山塊だが、登山者が少なく知名度が低いので事前に十分情報を集める必要がある。

御岳の登山コースに水場はあるが、トイレは登山口に簡易型があるだけ。鳴之尾牧場の駐車場横か垂水や鹿屋の市街地で事前に済ませよう。

参考タイム

テレビ塔下登山口（45分）ーテレビ塔（1時間）ー御岳（50分）ーテレビ塔（30分）ーテレビ塔下登山口

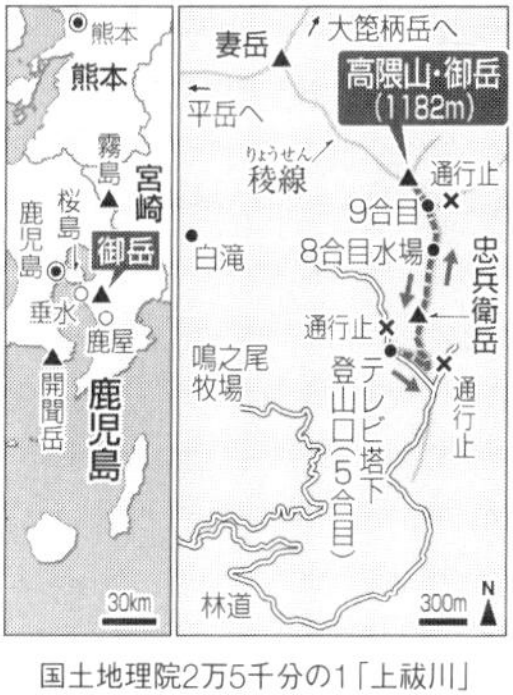

国土地理院2万5千分の1「上祓川」

99

与那覇岳

yonahadake

静かな森の植生楽しむ国立公園やんばるの山

沖縄・国頭村

503m

沖縄県の最高峰は、石垣島の於茂登岳《おもとだけ》（526メートル）で、それに続くのが沖縄本島最高峰のこの山だ。沖縄本島では北部地域を「やんばる（山原）」と呼び、300〜400メートルの山々が連なる。絶滅が危惧される国の天然記念物ヤンバルクイナの生息地であり、国立公園に指定されたばかり。与那覇岳は、そのやんばるにある。

高い山のない沖縄では、イタジイをはじめとする樹林が魅力で、静かな森の植生を楽しむと良い。登山の後には、沖縄らしい海の魅力も味わえる。マリンレジャー、琉球文化探訪や海鮮、琉球料理等の楽しみも多い。

やんばるの山々では、レンタカーや観光タクシーを利用するのが便利だ。与那覇岳もこの例にもれない。名護市から国道58号を東シナ海沿いに北上し、マリンリゾートで有名な奥間ビーチへの信号を右折。国頭村森林公園への看板に導かれながら、奥間の集落から一段丘に上がり、森林公園への道を分けて進む。所々に看板もあり、舗装の林道を与那覇岳登山道入り口まで迷わず行けるだろう。途中、農耕車が多いので注意したい。

大国林道との丁字路を右に曲がった所に、駐車場とトイレがあり、その先が登山道入り口だ。原生林に走る古い林道を30分ほど歩くと、林道の分岐があり、これを右に折れる。すぐにシリケンイモリの生息する水たまりがある。ここから赤い粘土質の道を登り、10分位で小さな広場に着く。ここには与那覇岳への道標と企業の自然保護協力記念碑がある。

広場の南側のロープが張られた急登を一段登ると細い登山道となる。植生には琉球竹も多い。倒木をまたいだり、くぐったりして、稜線《りょうせん》上のアップダウンを繰り返すと、503メートルの最高点と思われる所に着く。ここでは左右に踏み跡があるので気を付けよう。一段下り急な斜面を登り返すと498メートルの山頂だ。1等三角点と標識があるが眺望はない。

帰路は、同じ道を引き返す。夕暮れ時や霧の時は迷いやすいので慎重に。地図やコンパスが読めない人は、経験者やガイドに同行してもらおう。

（日本山岳ガイド協会理事長　磯野剛太）

与那覇岳

ガイドの目

沖縄には他にも登りやすい山々がある。与那覇岳の前後に登るなら名護市の嘉津宇岳《かつうだけ》(452メートル)がお勧めだ。東シナ海とやんばるの山々を望む360度の大展望が楽しめる。駐車場から往復1時間程度で行けるが、石灰岩の岩が多く、ぬれると滑るから気を付けよう。中腹にあるシークワーサーの果樹園のジュースもおいしい。

雨が少なく気温も下がる10月から3月までが登山の適期だろう。夜は寒いこともあるので、防寒具を忘れてはならない。またハブが生息するので、念のため毒吸引器と手袋を用意し、長袖、長ズボンで登ろう。

参考タイム

登山道入り口(40分)ー小さな広場(40分)ー山頂(1時間)ー登山道入り口

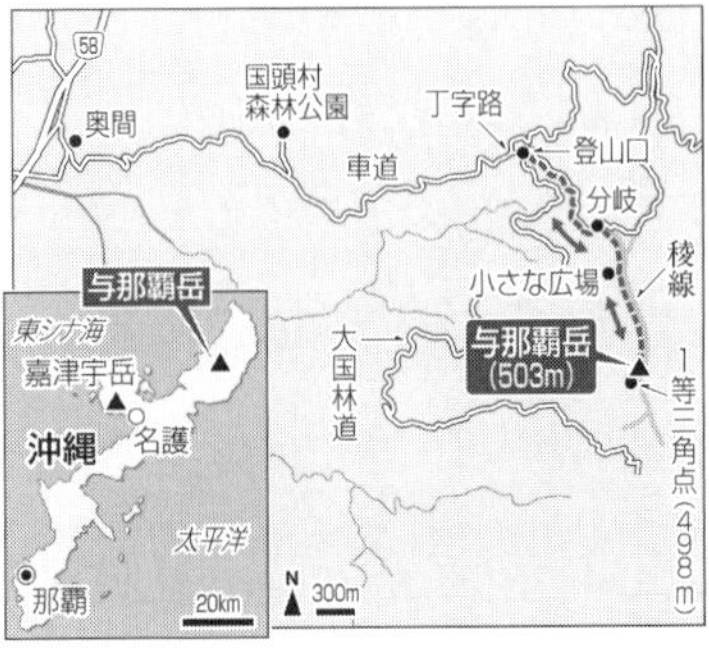

国土地理院2万5千分の1「辺土名」

100

於茂登岳

omotodake

沖縄・石垣市

526m

東シナ海望む沖縄最高峰
南の島独特の雰囲気味わう

石垣島にある沖縄県最高峰である。山の高さは他の都道府県の比でないが、亜熱帯の固有植物などが登山道に茂り、他県にない南の島独特の雰囲気が味わえる。

登山道まで公共の交通機関がないので、レンタカーかタクシー利用がベスト。市内から約15分で、標識のある登山道入り口に到着する。奥へ砂利道を進むと登山口になり、ここからが本格的な登山道。地元の登山愛好者団体が好意でつえを残してくれているので利用するといい。登山口から頂上までれんが、コンクリート片で足場が整備されているので、道の迷いはないだろう。登り始めてすぐに「大御岳《うふうたき》ぬ清水《しみず》」の石碑があり、神聖な雰囲気が漂う。登山道脇には亜熱帯特有のシダ類がみられ、南国特有の景観が異国情緒を感じさせてくれるはず。

歩を進めると「標高約250メートル、頂上まで40分」の標識が現れる。この付近まで急坂がなく楽に歩けるだろう。次に出合うのは、滝への分岐。落差4～5メートルの滝へはすぐだが、足場が悪いので気を付けて往復してほしい。

登山道に戻り、ほどなくしてシイの巨木、イタジイが迎えてくれる。次に「標高約345メートル、頂上まで25分」の標識が現れると、最後の給水ポイント。

ここから急登が始まる。スリップ注意の案内がある。しばらく登ると、平たんになり、頂上とダム展望の分岐になる。県指定天然記念物のチョウ、アサヒナキマダラセセリの採集禁止の看板もある。

左に折れ、頂上に向かうと防災無線施設のアンテナのある山頂広場に到着。ここは展望が得られないので、さらに進むと三角点があり、そこからは眼下に北西部が眺望できる。かなたに東シナ海が望め、山頂に立つ満足感が得られる。いったん分岐まで引き返して東に進むとテレビ受信施設のある展望所にも行ける。ここからは東側の眺望が得られるので時間が許せば訪ねるのも良い。

下山は往路を戻る。


（日本山岳ガイド協会正会員　栗林将剛）

於茂登岳

ガイドの目

登山道は整備され、水場もあり、ファミリーで登れるが、ハブが活動する夜間は登山はやめ、また、登山道を外れないことだ。雨の時は赤土が滑りやすいので、トレッキングシューズや雨具など最低限の装備は必要。

お勧めは、多雨の5月〜6月、高温多湿の7月〜8月を除いた時期。

登山だけでなく石垣島近くには西表島、竹富島など観光地も多く、海水浴などマリンレジャーも楽しめる。夜は石垣牛、ソーキソバなど食にも事欠かない。俗世間を忘れさせる石垣島で南国情緒を満喫してもらいたい。

参考タイム

小広場（20分）ー滝分岐（15分）ー最後の水場（30分）ー山頂三角点（1時間）ー小広場

国土地理院2万5千分の1「石垣」「川平」

おわりに

日本海に臨む高校で山登りを始めた。本当に好きなのは、春の雪山だった。3月末、陽光の中に輝くたおやかな飯豊山。そこに至る厳しさが身に染みていたから、逆にこの時期の雪山の解放感は何物にも代え難かった。地元の山に学び、夏はアルプスで鍛えられ、締めくくりが雪の飯豊だったのだ。

社会人になって、長く五輪など競技スポーツの報道に携わってきた。あるとき気づいたら、山に人があふれていた。中高年齢層が主体。かつての「山女」は「山ガール」に代わり、登山は彩りを増しポピュラーになった。だが一方で山岳遭難数は年々急増していた。故深田久弥さんの名著『日本百名山』に導かれ、経験が足りない人まで富士山やアルプスはじめ各地の高峰に向かっていた。「待てよ」である。「これでいいのか」でもあった。

日本は国土の7割が森林であり、山岳である。多くの登山愛好者の地元にだって、全国的な知名度は低くとも、いい山は数多くある。そこで経験を積んでからアルプスに向かっていいし、アルプスとは別の魅力をそこに見いだすことも可能だ。山は一様ではない。ふるさとの魅力ある山々を紹介できないだろうか。知己を得た日本山岳ガイド協会の磯野剛太さんの協力で、全国の新聞社への配信を始めた。「ふるさとの山々　高きが故に貴からず」であり、その記事をまとめたのが本書である。

山の価値は高さだけにあるのではない。標高で見劣りしても、地元の山は四季折々『日本百名山』と別次元の魅力を示してくれるだろう。中高年以外にもファミリーやパートナーで、または「初めての山」の契機にしていただければと思っている。

全国47都道府県を網羅し、エベレスト登頂者から地域の山に精通したガイドさんまで、多彩な方に執筆していただいた。各都道府県庁所在地から日帰り圏の山を中心に、標高は1000メートル内外を目安にした。健脚向きの山も若干あるが、岩場などの危険度は低いはずだ。記事は2015～2016年に配信した。従って文章、地図は当時の情報に基づいている。熊本地震などを受けて、部分的に手を入れた箇所も多少ある。よく知らない山へ向かう際は最新の情報を入手してほしい。低山と侮らず、登山届提出は忘れないで。

一般社団法人共同通信社編集委員　小沢剛

本書は共同通信社により配信された
「ふるさとの山々　高きが故に貴からず」（2015年～2016年）を
再編集したものです。
山のデータ、状況は基本的に配信当時のものです。

ブックデザイン　水戸部 功
編集　菊地朱雅子（幻冬舎）

日本百低山

2017年8月1日　第1刷発行

編者　公益社団法人 日本山岳ガイド協会
発行者　見城 徹
発行所　株式会社 幻冬舎
〒151-0051 東京都渋谷区千駄ヶ谷4-9-7
電話 03（5411）6211（編集）／03（5411）6222（営業）
振替 00120-8-767643
印刷・製本所　株式会社 光邦

検印廃止

ISBN978-4-344-03156-2　C0095

幻冬舎ホームページアドレス　http://www.gentosha.co.jp/

この本に関するご意見・ご感想をメールでお寄せいただく場合は、
comment@gentosha.co.jpまで。